KB058995

라면집도
디자이너가 하면
다르다

시작하기에 앞서

- 본문에 사용된 사진은 저작권자의 허가를 구한 것들로, 출처를 밝히지 않은 것들은 모두 저자가 직접 촬영한 사진이다.

- 영어의 한글 표기는 국립국어원의 외래어표기법을 기준으로 하되, 실제 발음과 현저한 차이가 있는 경우 가독성을 위해 실제 발음에 가깝게 표기하였다(예: concept는 외래어 표기법에 따르면 '콘셉트'가 맞지만, 가독성과 이해를 돕기 위해 '컨셉'으로 표기).

라면집도 디자이너가 하면 다르다

강범규 지음

바이북스
ByBooks

라면집도
디자이너가 하면 다르다

같은 것에서도 새로운 가치를 찾아내는 디자이너의 안목

"라면집도 디자이너가 하면 다릅니다."

나는 이런 이야기를 자주 한다. 무엇을 하건 디자이너가 하면 다르다는 믿음이 있기 때문이다. 많은 사람이 디자이너를 '제품을 더 예쁘게 만드는 사람'이라는 틀에 가두어 생각하고 있어 '제품 디자인 이외의 무엇'에 대한 예시로 라면집을 드는 것뿐이다. 한때 라면을 좋아해 자주 먹으러 가는데, '왜 라면집은 다들 비슷비슷하지? 특별한 라면집은 왜 찾기 힘든 걸까?'라는 의문을 가졌기 때문이기도 하다. 그리고 그때마다 '디자이너가 하면 다를 것'이라 생각했다. 이는 디자인 전공자이자 20년이 넘는 시간을 현업에서 일해 온 디자이너로서, 그리고 디자인 대학의 교수이자 디자인 회사의 대표로

지내오면서 내린 결론이기도 하다. 디자이너는 같은 것도 전혀 다른 안목으로 보고, 새로운 가치를 찾아내며, 찾아낸 가치를 담아서 아름답게 보이도록 시각화해야 한다. 그러니 그런 사람이 한다면 라면집이든 치킨집이든 남다를 수밖에 없다. 심지어 직장인이라 해도 무언가 다를 것이다.

이렇게 말하면 뜬구름 잡는 소리처럼 들릴 것도 같다. 앞서 말했듯이 많은 사람이 디자이너를 '제품이나 공간을 아름답게 만들고 표현하는 사람'으로만 생각하기 때문이다. 그래서 본격적으로 이야기하기에 앞서 디자인이란 무엇인지, 디자이너는 어떤 사람인지, 그들이 하는 일은 무엇인지를 알아야 한다.

Good design is good business

창업 8년 만에 기업가치 약 300억 달러(약 33조 원)를 달성한 세계 최대 숙박공유업체 '에어비엔비', 2009년 창업 후 현재, 월간 사용자수 약 1억5천만 명, 기업가치 123억 달러(약 14조 원)이며 글로벌 4대 SNS로 등극한 '핀터레스트', 대한민국 국민 두 명 중 한 명이 사용하는 '배달의민족' 앱을 통해서 2020년 기업가치 40억 달러(약 4조8천 억)를 만들어낸 '우아한형제들', 세계 최초로 먼지봉투 없는 진공청소기 개발 그리고 120년 넘게 날개를 통해 바람을 만들었던 선풍기에서 날개를 없앤 혁신적인 선풍기를 만들어낸 기업가치 6조 원의 다이슨. 이들 기업의 공통점은 무엇일까?

이들 기업의 공통점은 창업자들이 모두 디자이너 출신이라는 것이다. 대학을 1년 6개월 정도 다니고 중퇴했던 애플기업 창업자 스티브 잡스 역시 대학에서 관심 가지고 공부한 것은 디자인이었다. 스티브 잡스는 자신이 대학에서 그래픽디자인 전공수업을 청강하지 않았다면 지금처럼 아름다운 애플 컴퓨터가 나올 수 없었다고 스텐포드 졸업식 축사에서 고백했었다.

에어비엔비는 잠시 사용하지 않는 집을 숙소로 대여해주며 새로운 수입을 창출할 수 있도록 하고, 여행자들에게는 현지 사람이 사는 공간에서 살아보는 새로운 경험을 할 수 있도록 해주었다. 이것은 기존에 없었던 새로운 개념의 숙박업 비즈니스를 창출한 것이다. 에어비엔비의 공동창업자 체스키는 '디자이너로 살며 체득한 창의성과 협업 정신을 회사 경영에 적용한 것이 지금의 에어비엔비를 만들었다고 한다. 에어비엔비는 2020년에는 미 경영전문지《포브스》가 선정한 '가장 일하기 좋은 직장' 1위에 선정되었으며, 같은 조사에서 페이스북은 5위, 구글은 8위에 그쳤다(출처: 조가연, '디자이너 출신 CEO들이 잘나가는 이유?', 브런치 매거진〈창업경영학교〉).

핀터레스트는 감각적인 디자인을 서로 공유하는 플랫폼을 만들고, 전 세계 사람들이 서로 자유롭게 다양한 이미지를 올릴 수 있도록 하고, 이렇게 올라온 이미지들을 주제별 '큐레이션' 방식으로 보여주는 방법을 처음 채택했다. 별도의 글도 쓸 필요가 없고, 독특하고 다양한 디자인과 이미지를 쉽게 주제별로 볼 수 있게 한 편리함 덕분에 출시한 지 얼마되지 않아 20대 30대의 팬덤을 만들 수 있었다. 배달의민족 또한 처음 배달앱을 출시한 회사가 아님에도 불구하고, B급 감성을 자극하는 감성 디자인과 마케팅을 통해서 젊은 층의 마음을 단번에 사로잡았다. 우아한형제들을 창업한 김봉진 대표는 회사만의 새로운 글꼴 서체를 별도로 개발할 정도로 독창적이고 시각적인 가치를 중요하게 여겼으며, 어떻게 젊은 사람들의 감성을 움직일 수 있는지 아는 CEO이기도 했다. 영국에서 시작한 다이슨 기업은 이제 세계에서 가장 혁신적인 제품을 만드는 기업 그리고 가전제품의 디자인이 이처럼 아름다울 수 있다는 것을 보여주는 디자인 아이콘 같은 기업이다. 그리고 다이슨은 진공 청소기, 선풍기, 헤어드라이어 등 몇 개 되지 않는 전자제품으로 6조 원이 넘는 매출과 1조 원에 가까운 이익을 내고 있는 우량회사이기도 하다.

이들의 디자이너 출신 창업자들의 가장 큰 공통점은 사용자에게 새로운 경험을 주는 아이디어를 실현한 비즈니스를 했다는 점과 비주얼을 아주 잘 활용했던 사람이라는 것이다.

Good design is good business

나는 다국적 기업 IBM을 만든 토머스 와슨Thomas J. Watson이 말한

"Good design is good business"라는 말을 참 좋아한다. 많은 사업가들이 사업에 성공하기 위해서 디자인을 활용하지만, 이제는 좋은 디자인 그 자체가 사업이며, 핵심 경쟁력으로 부상한 시대이다.

디자이너보다 더 창의적으로 디자인을 하는 사람

디자이너처럼 일하면 무얼 하든 남다른 성과가 있을 거라는 말에 선뜻 동의하지 않는 사람도 많을 것이다. 어쩌면 당연한 일이다. 내가 생각하는 디자이너와 그들이 생각하는 디자이너는 다르기 때문이다. 그런 사람들을 위해 내가 말하는 디자이너가 어떤 사람인지를 설명하기에 앞서, 그렇다면 '과연 디자인은 무엇인가?'를 생각해볼 필요가 있다.

"디자인은 뭘까요?"

이렇게 질문을 해보면 의외로 쉽게 답이 나오지 않는다. 특히 디자인 전공 교수나 디자인 집단의 전문가일수록 디자인을 추상적이고 광범위하게 생각하는 경향이 있다. 그리고 그들의 생각 역시 매우 다양하다.

사실 디자인이 무엇인지, 디자이너는 무얼 하는 사람인지에 대해서는 누구도 명확한 정의를 내리기 어렵다. 그렇기에 나 자신도 끊임없이 질문하고 있고, 그런 질문을 종종 받기도 한다. 그런데 살면서 단 한 번도 누군가가 "변호사는 뭐 하는 사람이죠?"라거나 "의사는 뭐 하는 사람인가요?"라고 질문하는 것을 본 적이 없다. 변호사나 의사가 하는 일에 대해서는 당사자는 물론 일반인들도 대체로 공통된 인식을 가지고 있다. 반면 디자인은 사람에 따라 해석의 범위가 넓고 다양하다. 나는 '디자인은 무엇인가'라는 질문의 답을 찾기 위해서 수백 권의 디자인 관련 서적을 찾아본 적이 있는데, 그 책들에 담긴 디자인에 대한 정의만 해도 스무 개가 넘었다. '문제를 풀어가는 혁신의 과정', '계획들을 세우고 실행하는 것', '인간의 생활양식, 나아가 문화의 일부를 만드는 것', '인간이 천성적으로 가지고 있는 양식화의 충동', '조직화시키는 행위', '우리에게 속임수를 써서 자유로운 예술가로 만드는 일' 등 실로 너무나 다양하다.

디자인 전문가라는 사람들이 지식과 경험, 통찰을 종합해 내린 정의인 만큼 이 모든 답변은 나름의 가치가 있고, 서로 일맥상통하는 부분도 있다. 중요한 건 전문가들조차 '디자인이란 무엇인가?'에 대한 생각이 서로 다르다는 것이다.

반면 디자인을 전공하지 않은 비전문가들의 답변은 비교적 단순하다. 이들에게 가장 자주 들은 답변을 짧게 정리하자면 이렇다.

"상품이나 공간을 더 예쁘게 만드는 거요."

명쾌하다. 실제로 우리는 마음에 드는 카페에서 예쁜 찻잔을 발견했을 때, 좋아하는 브랜드의 노트북이나 스마트폰 '신상'이 세련돼 보일 때, 사고 싶을 정도로 마음에 쏙 드는 아름다운 자동차가 출시됐을 때 흔히 '디자인이 예쁘다'고 말한다. 옷가게에서 마음에 쏙 드는 옷을 발견했을 때도 그렇다. 그래서 우리는 디자인이란 무언가를 보기에 예쁘고 아름답고 멋지게 만드는 일이라 생각하고, 그런 일을 하는 사람을 디자이너라 생각한다. 명쾌한 정의다. 지금 내가 책을 쓰고 있는 순간에도, 당신이 이 책을 읽고 있는 순간에도 수많은 디자이너가 더 예쁘고 아름다운 제품을 만들기 위해 많은 스케치를 하고 그림을 그리고 있을 테니까. 하지만 이는 '디자인'이라는 과정의 일부만을 담고 있을 뿐이다. 디자인의 대상은 제품에 한정되지 않는 데다가 단순히 '더 예쁘게' 만드는 것 이상으로 새로운 가치를 만들어내야 하기 때문이다.

디자인이란 무엇인가? 이 질문에 디자인 전문가들이 제각각 다양한 시각과 정의를 말할 수 있다는 것은 그만큼 디자인 행위에 대해 자유롭게 생각하고 있다는 의미다. 또한 '디자인'이 폭넓은 영역을 다루고 있기 때문이기도 하다. 나 역시 그동안의 내 경험을 통해 디자인에 대한 나만의 정의를 가지고 있다.

"차별화된 아이디어로 새로운 가치를 만들고 이를 시각

적으로 표현하는 것"

이것이 내가 생각하는 디자인의 정의다.

짧은 문장이지만 내가 생각하는 디자이너의 세 가지 본질이 모두 담겨 있다. 바로 '차별화된 아이디어different idea'와 '새로운 가치 만들기new value creating' 그리고 '시각화visualizing'다. 이런 행위를 하고 있는 사람이라면 나는 그의 '직업'이 무엇이건 그를 디자이너라 부른다.

또한 이 정의에서 디자인의 대상은 단순히 옷이나 건축물 등으로 한정되지 않는다. 지금까지와는 다른 아이디어로 기존 제품이나 서비스와는 다른 가치를 만들어내고 이를 시각적으로 표현해내는 모든 일이 곧 디자인이기 때문이다. 디자이너는 '직업'으로서 구분되는 것이 아니라 '어떻게' 일하느냐에 따라 구분되는 것이다.

세상에는 허접한 디자인도 있다. 그 가장 큰 이유는 디자이너가 허접하게 일했기 때문이다. 그러니 '디자이너처럼 일하라'는 말은 '제대로' 디자인할 줄 아는 디자이너의 생각을 훔치라는 것이다. 따로 언급하지 않는 이상, 앞으로 내가 말하는 디자이너란 그런 사람을 뜻한다. 그리고 내가 무척 아끼고 좋아하는 제자인 송보라가 바로 그런 디자이너다.

방금 나는 송보라를 '디자이너'라고 했다. 하지만 언론은 그리고 사람들은 보라를 셰프 또는 작가라 부른다. 사실 보라의 '직업'은 그림 작가이자 셰프가 맞다. 그것도 언론에도 몇 번이나 소개된 인정받는 셰프다. 하지만 동시에 나는 보라를 훌륭한 디자이너라 생각한다.

요리와 디자인이 언뜻 연결되지 않을 수도 있다. 또는 '요리를 예쁘게 만드나 보다'라고 생각할 수도 있다. 물론 보라가 만든 요리는 예술 작품처럼 아름답기도 하다. 하지만 내가 보라를 디자이너이라고 부르는 이유는 보라가 일하는 방식이 디자이너의 정의에 가장 부합하기 때문이다.

보라는 내가 만나본 그 어떤 학생보다도 디자이너가 되고 싶다는 열망이 강했고, 그만큼 열심히 공부했다. 대학 3학년 때 디자인대학 안에서 한 명만 선정하는 독일 교환학생에도 뽑혀 독일에 다녀오기도 했고, 전액 장학금을 받기도 했다. 그랬던 보라가 졸업 후에 요리를 접하고 음식을 만드는 일에 매료된 것은 그야말로 운명이 아니었나 싶다. 여러 형태와 색감의 재료들이 어우러져 새로운 형태와 맛을 이루어내는 것이 재미있고, 무엇보다 본인이 만든 음식에 대한 반응을 즉각적으로 볼 수 있다는 점에서 큰 매력을 느꼈다고 한다.

한번은 부산에 출장 겸 내려온 보라를 부산 벡스코BEXCO 전시장 안에 위치한 카페에서 만난 적이 있다. 그때 보라가 뜬금없이 말했다.

"교수님, 죄송해요."

나는 갑자기 무슨 사과를 하는 것인가 싶어 의아했다.

"뭐가 죄송해?"

"교수님이 열심히 디자인 가르쳐주셨는데 저는 요리하고 있잖아요."

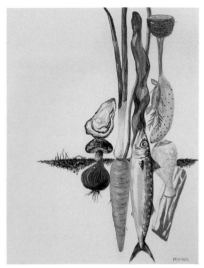

좌_ 음식을 하고 있는 송보라 셰프
우_ 샌프란시스코 미쉘링3 레스토랑에 전시되어 있는 송보라 셰프의 〈자연의 선물〉
사진출처 송보라

디자이너가 아닌 셰프가 되어 찾아와 미안하다는 말에 나는 웃고 말았다.

"보라야, 난 네가 셰프지만 동시에 디자이너라고 생각한다. 요리는 대표적인 창작 작업이고, 너는 같은 요리만 만드는 것을 싫어해 늘 새로운 재료를 찾고 연구하잖아. 자주 실험으로 새로운 요리를 하기도 하고. 그리고 그것을 만들기 전에 그림으로 그려보기도 하고, 그건 내가 평소에 이야기한 디자인 행위와 똑같아."

그리고 진심을 담아 다시 말해주었다.

"넌 가치 있는 작업을 하고 있어! 내가 가르친 대로 창의적인 발상으로 늘 새로운 음식을 연구하며 만들어내고 있잖아. 넌 멋진 디자이너야. 난 네가 자랑스럽다."

보라야말로 내가 생각하는 디자이너 그 자체다. 차별화된 요리로 기존 음식과 다른 새로운 가치를 만들어내고 이를 시각적으로 표현해내고 있으니 말이다. 또한 이런 모습이야말로 '제대로 일하는' 디자이너의 사고방식이다.

실제로 나는 보라가 자랑스러웠다. 그래서 난 보라를 그녀의 후배들이기도 한 산업디자인학과 학생을 대상으로 한 특강에 강사로 초청하기도 했다. 제품 디자이너를 꿈꾸는 학생들에게 디자인의 대상을 제품에만 국한할 필요가 없다는 메시지와 좋은 디자이너가 일하는 방식을 전해주고 싶었기 때문이다. 참고로 특강은 질문이 끊이지 않을 정도로 반응이 좋았다. 디자인을 전공하는 학생들도 학교 수업만이 전부가 아님을, 디자이너가 꼭 제품이나 건축 그리고 의상 디자인에만 국한될 필요가 없음을, 지금까지는 그래 왔다 하더라도 앞으로의 디자이너는 달라져야 함을 알기 바랐다.

디자이너는 예술가가 아니다

나는 회사의 대표가 된 이후로도 나를 '대표 강범규'보다는 '디자이너 강범규'라고 소개한다. 앞에서 정의한 "차별화된 아이디어로 새로운 가치를 만들고 이를 시각적으로 표현하는 사람"이라는 디자이너의 정의에 그대로 부합하는 일을 하고 있기 때문이다. 하지만 같은 디자이너 중에는 나를 디자이너로 인정하지 않는 사람도 있다. 그림을 그리고, 그것을 컴퓨터에 앉아서 도면으로 설계하는 사람만을 디자이너라고 여기는 사람들이다. 하지만 디자이너는 예술가가 아니다. 한 사람이 아닌, 많은 사람이 좋아하는 것을 만들어내는 일을 하는 사람이다. 그게 상업 디자이너다. '팔기 위해' 디자인하는 것을 업業으로 삼는 사람이다. 그리고 나는 직접 만들고 디자인한 물건을 온라인을 통해 판매하고 있다.

많은 사람의 우려와 달리 내가 회사를 제법 잘 이끌어오고 있는 이유, 그게 바로 '디자이너가 하면 라면집도 다른 이유'와 일맥상통한다. 애초에 팔기 위한 디자인을 한다는 것, 그렇기에 고객이 원하는 바가 무엇인지를 누구보다도 날카로운 시선으로 잡아낸다는 것, 흔들림 없이 컨셉을 이어간다는 것, 조금이라도 더 팔리는 디자인을 하기 위해 기존 경쟁자들과 차별화되는 무언가를 만들기 위해 끊임없이 고민하는 것, 나아가 이를 '시각적으로 구현'해내는 것. 이 모든 것이 디자이너가 해야 할 일이다. 그렇게 일할 수 있는 디자이너라면 라면집을 하더라도 남들과 다른 차별화된 라면집 컨셉을 생각해내고, 인테리어부터 사소한 소품 하나까지 통일된 컨셉을 유지하기 위해 노력할 것이며, 메뉴 하나를 개발하더라도 경쟁자들과 다르기 위해 노력할 것이다. 또한 보이는 모든 것들을 '편리하고', '아름답게' 만들어낼 줄 알아야 진짜 디자이너라 할 수 있다. 그러니 디자이너가 한다면 라면집도 다를 수밖에 없다.

내가 운영 중인 프리젠트present는 디자인 회사다. 프리젠트에는 특이한 점이 몇 가지 있는데, 하나는 앞서 말했듯이 디자인만 하는 것이 아니라 OEM방식이긴 하지만 제조와 판매까지 한다는 것, 또 하나는 사옥에서 서점과 카페를 함께 운영한다는 것이다. 내가 처음 서점과 카페를 함께하겠다고 했을 때 모두 나를 만류했다. '했다 하면 망하는 업종'이라고도 했다. 더욱이 프리젠트의 사옥 위치는 사람이 많이 다니는 곳도 아니고, 산 초입에 자리를 잡은 탓에 경사가 제법 심한 비탈길을 꽤 올라와야 찾을 수 있다. 그러니까 '망하기 쉬운 두 가지 업종을, 망하기 딱 좋은 위치에서' 시작한 셈이다. 그럼에도 주위의 우려와 달리 프리젠트 카페는 이제 제법 부산의 명소로 자리 잡았다. 어떻게 그럴 수 있었느냐며 신기해하는 사람들도 있을 정도다. 나는 그들에게 당당하게 "디자이너니까"라고 말한다. 내가 원하는 공간을 구현하기 위해 좋은 건축가를 찾아 건축을 의뢰했고, 이후로도 그냥 맡겨두기만 한 것이 아니라 디자이너로서 내가 원하는 컨셉을 살리기 위해 디테일한 것들까지 하나하나 챙겼다. 완공 이후로도 항상 새로운 가치를 찾아내고 이를 시각적으로 표현하기 위해 애쓰고 있다. 이런 디자이너로서의 기본 역할을 해낸 것이 좋은 결과로 이어지고 있는 것이다.

지금 하는 일에서 한계에 봉착했는가? 또는 장사를, 사업을 하고 싶은가? 품질에도 나름 자신이 있고 가격도 비싸지 않은데 어째서인지 사업이 잘되지 않는 상황인가? 무엇이 문제인지 아무리 생각해봐도 모르겠고 이것저것 할 수 있는 것들은 죄다 해봤는데도 답이 나오지 않아 막막한가?

그렇다면 당신에게 필요한 것은 디자이너와 같은 안목, 라면집을 하더라도 남들과는 다를 수밖에 없는 감각인지도 모른다. 지금부터 나는 그런 안목과 감각은 어떻게 갖출 수 있는지, 삶에 그리고 장사에 어떻게 활용할 수 있는지, 나아가 디자이너처럼 보고 생각하고 그들처럼 일하는 방식을 보여주려 한다. 되도록 다양한 사례를 보여주되 너무 유명해 이미 잘 알려진 사람이나 기업보다는 비록 규모는 작더라도 확실한 경쟁력을 갖춘 곳, 내가 두 눈으로 직접목격한 곳 위주로 사례를 구성했다. 그렇다 보니 예시의 상당수가 나에게는 제2의 고향이자 20여 년을 지내오고 있는 부산에 몰려 있지만, 그 예시들에 담긴 본질과 통찰은 지역을 초월한다. 이 이야기들을 통해 무엇을 깨닫고 익히게 될지, 삶을 어떻게 바꿀 수 있을지는 순전히 당신에게 달려 있다. 크게 심호흡을 하고, 지금부터 디자이너들의 안목, 디자이너처럼 일하는 방법을 훔쳐보자.

01

지금,
디자이너의 일

02

왜 디자이너가 하면
라면집도 다를까?

03

낡은 것도 새롭게 보는
디자이너의 안목

04

같은 것도 더 좋아 보이게 만드는
디자이너의 표현법

지금,
디자이너의
일

01

지금,
디자이너의
일

어떤 것을 부르는 이름이 그 존재를 정의하고 한계를 규정한다. 예를 들면, '학생'이라는 말은 기본적으로 '배우는 사람'이라는 뜻이다. 그렇다 보니 주도적으로 무언가를 하기보다는 가르쳐주는 대로 외우는, 수동적인 역할이라 여기는 경향이 있다. 대학에서 학생들을 가르치다 보면 여전히 '떠먹여주는 배움'에 익숙한 학생이 많다. 반면에 '배움'이라는 단어는 좀 더 능동적인 의미를 가진다.

그런 의미에서, 디자이너 역시 용어로 인해 역할과 한계가 좁게 정의된 것은 아닐까? '디자인'의 사전적 정의는 '의상, 공업 제품, 건축 따위 실용적인 목적을 가진 조형 작품의 설계나 도안'이다. 그러니 "디자이너는 어떤 사람일까요?"라는 질문에 "상품을 더 예쁘게 만드는 사람이요"라는 답이 나오는 것이다. 디자이너란 결국 디자인하는 사람 아닌가. 실제로 디자이너가 되고 싶다고 디자인학과에 입학한 학생들도 비슷하게 답한다.

김진섭金晉燮, 1908년~?의 수필 <명명철학命名哲學>에는 이런 이야기가 나온다.

라면집도
디자이너가 하면 다르다

일찍이 로마 황제 마르쿠스 아우렐리우스가 마르코만인人들과 싸우게 되었을 때, 그는 일군대를 적지에 파견하며 그의 병사들에게 말하되 "나는 너희에게 내 사자獅子를 동반시키노라!"고 하였다. 이에 그들은 수중지대왕獸中之大王이 반드시 적지 않은 조력을 할 것임을 확신한 것이었다. 그러나 많은 사자가 적 군을 향하여 돌진하였을 때 마르코만인들은 물었다. "저것이 무슨 짐승인가?" 하고. 적장이 그 질문에 대하여 왈 "그것은 개다. 로마의 개다!" 하였다. 여기서 마르코만인들은 미친 개를 두드려 잡듯이 사자를 쳐서 드디어 싸움에 이겼다.

그 흉포한 사자를 '개'라고 명명하고 인식한 순간, 병사들은 두려움 없이 진짜 개를 잡듯 사자마저 잡아버렸다. 이처럼 '명칭'이 사람의 생각을 바꿔놓는다. 시대가 바뀌었다. 디자인과 디자이너에 대한 새로운 정의가 필요하다. 그리고 앞서 밝혔듯이 나는 디자이너를 "차별화된 아이디어로 새로운 가치를 만들고 이를 시각적으로 표현하는 사람"으로 정의했다. 이제 그게 어떤 의미인지 살펴보자.

디자인은
우리 삶 곳곳에
숨어 있다

앞서도 이야기했듯이 디자인은 단순히 제품을 더 아름답게 만드는 데 그치지 않는다. 실제로 디자인은 우리의 삶 곳곳에 숨어 있다. 우리가 대수롭지 않게 보고 넘기는 것들에도 디자인이 녹아 있게 마련이다. 심지어 직간접적인 영향을 받거나 인상 깊게 보았지만 디자인 측면에서는 생각지도 않았던 것들에도 디자인이 관여한 경우가 많다. 달리 말해 사람들에게 영향을 미쳐 삶에 변화를 주고 싶을 때 디자인을 활용한다.

"디자인은 문제를 찾아 해결하는 것이다."

오스트리아 출생의 세계적인 디자이너 빅터 파파넥Victor Papanek, 1927-1998이 내린 디자인의 정의이다. 그저 '더 예쁘게' 하는 것만이 디자인의 역할이라고 생각한다면 디자인이 문제를 해결하는 데 사용된다는 말을 이해하지도 못할 것이고, 실제로 문제를 해결했다 해도 이를 인식하지도 못하고 넘어갈 가능성이 높다.

하지만 디자인이 삶의 문제를 해결해준 경우는 많다. 남자라면 누구나 공감할 만한, 그리고 익히 알려진 화장실 소변기 문제도 그중 하나다. 변기에 바짝 붙어서 볼일을 보는 것을 꺼리다 보니 많은 화장실의 소변기 주변은 더럽고 냄새가 나기 일쑤다. "한 걸음 가까이"라거나 "아름다운 사람은 머문 곳도 아름답습니다" 같은 문장을 써봐도 효과가 크지 않다. 하지만 변기에 파리 그림을 그려놓자 변기 밖으로 소변이 튀는 것이 80% 정도 감소했다고 한다. 어떤 말을

네덜란드
암스테르담 스키폴 공항의
파리가 그려진 소변기
ⓘ 사진출처 worksthatwork

해도 '한 걸음 가까이' 가는 것을 꺼리던 사람들에게 '파리 그림을 조준하는' 소소한 재미를 준 것만으로 문제를 해결한 것이다. 이게 바로 디자인이 문제를 해결한 사례다.

간단한 디자인만으로 에너지 낭비를 줄인 사례도 있다. 지식경제부의 시범사업(책임연구자 서비스디자이너 최미경)으로 진행된 삼성 래미안 아파트에서는 전기 사용량에 따라 고지서의 디자인을 바꾼 것만으로도 20~30% 정도의 전기 사용량 절감 효과를 봤다고 한다. 아파트 단지 내 같은 평수에 사는 가구끼리 비교해서 본인의 전기 사용량이 적으면 그린 색상의 전기 사용 고지서Green Card, 평균 정도면 옐로 색상의 고지서Yellow Card, 너무 많으면 경고의 의미로 레드색상의 고지서Red Card를 발부하는 것이다.

여기에 북극곰 캐릭터를 활용해 지구 온난화 문제를 떠올리도록 디자인했다. 또한 이웃들의 평균 전기 사용량까지 표기함으로써 스스로 경각심을 느끼게 했다.

이처럼 디자인을 통해 사회적, 시스템적인 문제를 개선하려는 활동을 찾아보는 것은 어렵지 않다. 그럼에도 우리는 이를 '디자인'의 영역이라고는 생각지 못한다. 달리 말해, 우리는 인식하지 못하고 있지만 디자인은 우리 삶 곳곳에서 인식을 바꾸고 행동에까지 영향을 미치고 있는 것이다.

환경 문제에 관심이 많은 나는 프리젠트에서도 이처럼 디자인을

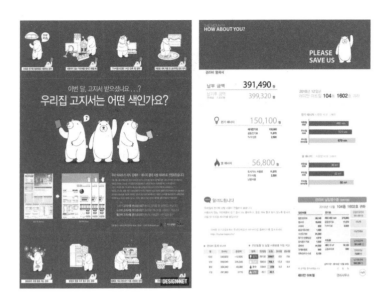

아파트 관리비 고지서 중 레드카드(책임연구자 서비스디자이너 최미경)
사진출처 디자인네트

활용해 일회용품 사용과 전기 절약을 유도하고 있다. 경험상 명령
조나 강압적인 표현보다는 좀 더 유쾌한 문장과 유머러스한 그림이
사람들의 마음을 움직인다는 것을 알기에 이런 점에 주목했다. 예
를 들어 화장실 핸드타월 통에는 "한 장은 인격, 두 장은 낭비. 고객
님은 자연을 사용하고 계십니다"라는 문구를, 사무실 전기 스위치
에는 귀여운 곰 캐릭터와 함께 "전기가 새고 있다"라는 글귀를 붙
여놓은 것이다.

일회용품 사용과 전기 낭비를 줄이기 위해 프리젠트 곳곳에 붙인 그림과 글귀

이처럼 우리가 미처 인식하지 못하는 것들에도 디자인은 녹아 있다. 그렇기에 디자이너라면 '상품을 더 예쁘게' 만드는 것은 기본이고, 나아가 세상에 크고 작은 긍정적 변화를 줄 방향을 생각해야 한다.

디자이너,
차별화에 집착하는 사람

    40여 년 전만 해도 부산의 대표 산업은 신발 제조업이었다. 당시 부산에는 수백 개의 신발 제조 회사가 있었다. 그러나 지금까지 살아남은 곳은 극소수다. 정부에서 7,000억 원이 넘는 많은 돈을 투자해 지켜내려 했음에도 결국 글로벌 브랜드에 완전히 밀려나고 말았다. 이제 나이키, 아디다스, 푸마, 뉴발란스를 비롯한 소수 브랜드가 전 세계 신발 시장의 80%를 장악하고 있다. 어지간한 신발 회사는 살아남는 것만으로도 기적이라 할 정도다.

    이런 글로벌 기업에 밀려난 것은 부산의 신발 제조업체들만이 아니다. 그리고 이런 현상 또한 꼭 신발 시장만의 이야기도 아니다. 거의 모든 분야에서 경쟁은 날로 심해지고 있다. 특히 인터넷과 교통수단이 발달할수록 세계 시장은 하나로 묶이고 경쟁은 더욱 치열해질 수밖에 없다.

    이런 상황일수록 필요한 것은 바로 차별화 능력이다. 나보다 먼저 시장에 진입해서 시장을 장악하고 있고, 나보다 돈도 많고 마케팅 노하우도 뛰어난 경쟁자와 싸우려면 뭐라도 달라야 하지 않겠는가. 그게 바로 차별화다. 그리고 디자이너는 차별화에 가장 능한 사람이다. 그렇기에 디자이너처럼 보고 듣고 생각하고 일하는 방식을 배울 필요가 있다.

디자이너라면 다음 질문에 답을 할 수 있어야 한다.

"이미 이렇게 많은 상품이 있는데 왜 또 다른 물건을 만들어야 하는가?"

몇 년 전, 프랑스 출생의 세계적인 디자이너 필립 스탁Philippe Patrick Starck은 자신이 그동안 했던 모든 디자인은 쓰레기였다고 고백한 바 있다. 여러 의미로 해석할 수 있지만, 나는 이를 지금껏 그가 디자인해 판매된 수백만 개의 제품이 지구 입장에서 보면 '예쁜 쓰레기'에 불과하다는 고백이었다고 이해했다. 그는 역시 존경할 만한 사람이자 시대가 낳은 천재 디자이너다.

세계적인 디자이너조차 자신의 디자인이 쓰레기였다고 고백하는 마당에, 우리는 무언가를 만들 때마다 '이 제품의 존재 이유'에 대해 끊임없이 질문을 해야만 한다. 디자이너로서 이미 세상에 존재하는 것들의 얼굴을 바꾸거나 다른 기능을 넣어 끊임없이 새로운 무언가를 만들어낼 때 내가 자신에게 던지는 질문이다.

이처럼 '차별화된 답을 찾는 과정'이 바로 디자인이다. 그렇기에 디자이너는 항상 차별화에 집착해야만 하는 사람인 것이다.

차별화가 얼마나 강력한 무기가 되는지, 이런 차별화를 찾고 만들어내는 방법에는 어떠한 것들이 있는지 간략하게 살펴보자.

차별화, 1등을 만드는 무기

"어떤 상품을 개발하면 좋을까요?"
"새로운 디자인을 해주실 수 있나요?"

가끔 나를 찾아와서 이런 질문을 하는 기업 사장님들이 있다. 나는 새로운 상품 개발을 위해 상담을 요청하는 사람들에게 자주 이야기한다. 디자이너가 디자인을 하기 전에 그러하듯 그 분야를 충분히 조사하고, 1등이 될 수 있다면 시작하라고.

그렇다고 무조건 세계 1등이 되어야만 한다는 이야기는 아니다. 1등이 될 가능성조차 보이지 않는다면 시작하지 않는 편이 낫다는 이야기다. 다시 말해 '기존 경쟁자들이 놓치고 있는 무엇, 내가 파고들 수 있는 무엇'을 발견하지 못했다면 뛰어들지 말라는 이야기이기도 하다. 이 '무엇'이 바로 '차별화'다.

나는 디자이너로서, 동시에 디자인 회사 프리젠트의 대표로서 다양한 제품을 만들어왔다. 유리가 없는 종이 벽시계, 주방용품, 성인과 유아가 같이 사용할 수 있는 변기 커버 등 일상에서 필요한 제품들을 디자인하고 개발했다.

이때 새로운 제품 개발에 뛰어들 것인지를 결정하는 나만의 기준이 바로 '그 시장의 1등 제품과 차별화된, 나아가 1등 상품을 뛰어넘는 제품을 만들 수 있느냐'다. 그럴 수 있다는 자신이 있으면 뛰어든다. 예전에는 국내 1위가 목표였다. 하지만 이제 대한민국 1위가 곧 세계 1위와 마찬가지인 상황이라 국내 1위 목표는 자연스럽게 세계 1위를 목표로 하는 것과 차이가 없어지고 있다.

어쨌든 나는 우리나라의 각 제품군 시장에서 1위 상품이 사용자의 욕구를 만족시켜주지 못한 부분을 찾아낸다면, 그리고 이를 공략할 수 있겠다는 생각이 들면 과감히 뛰어든다. 예를 들어, 유아용 변기 커버를 개발했을 때도 그랬다. 기존의 유아용 변기 커버 시장 제품들은 성인용과 유아용을 따로 구비해야 했는데, 무척 번거로운 일이다. 이 부분을 보완하면 충분히 1등을 할 수 있다고 보았다. 여기서도 '유아 겸용'이라는 점만을 차별화 요소로 두지 않았다. 아이와 부모 모두 사용하기에 편해야 했기에 인체공학적인 요소를 고려했고, 아이들이 사용하는 상품에는 특히 민감한 부모들의 성향을 고려해 향균 기능을 추가했다. 이런 기능적인 측면에 더해 아름다운 상품이 되어야만 진정한 차별화가 가능하다고 보았다. 이렇게

아이와 부모가 함께 쓸 수 있는 두리 변기 커버

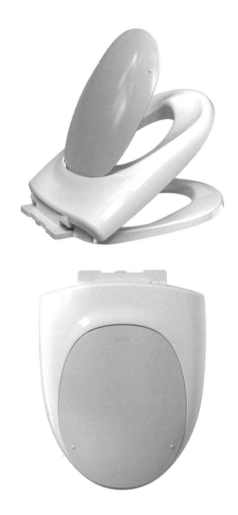

'그 시장의 1등 제품과 차별화된,
나아가 1등 상품을 뛰어넘는 제품을 만들 수 있느냐'

해서 탄생한 제품이 프리젠트의 효자 상품인 두리DURI 변기 커버다.

여러 가지를 고려하다 보니 개발 과정은 쉽지 않았지만, 결과적으로 두리는 별다른 홍보나 마케팅 없이도 시장 1등 제품이 되어 지금까지도 많은 고객의 사랑을 받으면서 수년째 회사에 큰 수익을 가져다주고 있다. 이게 바로 당시 시장 1위 상품조차 놓치고 있던 점을 발견해 차별화한 결과로, 기성 제품들이 주지 못하는 새로운 가치가 있는 제품을 만들겠다는, 가장 디자이너다운 발상 덕에 거둔 성공이었다.

차별화는 이제 지겹고 진부한 이야기라고 생각하는 사람이 많지만 그렇게 지겹고 진부할 정도로 많은 전문가가 강조하는 데는 이유가 있는 법이다. 사람들은 대부분 말로만 차별화를 외칠 뿐, 실제로는 '남들처럼' 하는 데 주력하기 일쑤다. 디자이너든 직장인이든 사업가든 대부분이 그렇다. 장사를 시작하겠다는 사람들이 별다른 고민 없이 "치킨집이나 할까?"라고 말한다. 문제는 치킨집이냐 카페냐가 아니다. 남들이 하는 방식으로 하는 게 문제다. 아무런 특색 없이, 오히려 '남들 하는 대로' 따라 하기에 우후죽순으로 생겨나고 더 빠르게 망해가는 것이다.

이게 바로 내가 '디자이너가 하면 라면집도 다르다'고 주장하는 이유다. 디자이너는 차별화에 집착하는 사람들이다. 그리고 차별화야말로 이들에게 가장 요구되는 능력 중 하나이다. 더욱이 디자이너는 이미 세상에 존재하는 것들조차 변형하거나 다른 기능을 넣어서 새로운 무언가를 만들어낸다.

무슨 일이든, 특히 경쟁이 심한 분야일수록 차별화가 힘들다면 시작하지 않는 편이 좋다. 디자이너가 되고 싶다면 창의적인 아이디어를 찾아내고 이를 차별화된 디자인으로 구현할 수 있어야 한다. 그럴 수 없다면 운이 좋아야 그저 그런 디자이너로 잠시 버티다가 머지않아 아무도 찾지 않는 디자이너로 전락할 것이다. 직장인도 '대체 가능한' 사람은 언제 해고당할지 모른다는 불안감을 안고 살아가게 된다. 사업가는 어떨까? 고객이 그 많은 경쟁자들의 제품이 아닌 '우리 회사의 제품'을 고르게 만들지 못한다면 기업의 생존은 불가능하다. 그러니 무한경쟁 시대에 살아남으려면 누구보다도 차별화에 능한 디자이너처럼 사고하고 일하는 법을 배워야 한다.

'허를 찌르는 무언가'가 차별화가 되기도 한다

흔히 차별화라고 하면 아예 새로운 무언가를 만들어야 한다고 생각하기도 한다. 하지만 앞의 두리 변기 커버 예에서도 볼 수 있듯이, 차별화는 완전한 무에서 유를 창조하는 것이 아니다. 기존의 제품들이 놓치고 있는 요소 중에 하나만을 발견해 문제를 해결하는 것으로 차별화를 할 수 있다.

차별화를 하는 또 하나의 팁은 바로 '허를 찌르는 무언가'를 만드는 것이다. 내 명함도 좋은 예가 될 수 있다.

명함은 자신에 대해서 아무 정보도 없는 사람에게 처음으로 자신의 직업과 직장을 소개하고 자신의 연락처를 제공하는 매체이다. 디자이너들은 특히 자신의 명함 디자인에 무척 신경 쓴다. 왜냐면 디자이너의 명함은 그 디자이너의 감각과 철학을 보여주는 함축된 메시지이기도 하기 때문이다. 난 지난 20년 동안 2개의 명함만을 사용했다. 첫 번째 명함은 20년 전에 내 친구 김상훈이 디자인해 준 명함을 내가 리디자인한 것이다. 이 명함에는 내 얼굴이 일러스트로 그려져 있어 나를 쉽게 기억할 수 있도록 했다. 가끔 명함을 보고도 누구 것인지 얼굴을 기억할 수 없는 경우가 더러 있기에 사진을 넣기도 하는데, 이는 분명히 도움이 된다. 하지만 사진이 들어간 명함은 왠지 촌스럽다. 이 문제를 엔디 워홀의 일러스트 스타일로 내 얼굴을 그려 넣어서 해결했다. 여기에 내 직업과 연락처를 하나의 책처럼 하나의 문장으로 써 넣었다. 그리고 몇 년 전에 새롭게 디자인한 명함은 매우 굵고 큰 문자로 내 이름을 넣어 명함의 사각 안을 꽉 채웠다. 그렇게 하니 매우 읽기 편했다. 아무리 눈이 안 좋은 어르신이라도 내 명함의 이름과 전화번호는 쉽게 읽을 수 있도록 배려한 것이다. 그리고 무엇보다 명함에서 힘이 느껴진다.

BUM KYU, KANG 강범규 PRESENT CO.,LTD

+82 10 0000 0000
bk@itspresent.co.kr

강범규
대표 | CEO
31,Hwangnyeongsan-ro,
Suyeong-gu, Busan, Korea

2018년 디자인한 명함 앞, 뒷면

BK KANG
Mobile Phone 000·0000·0000
E-mail idesign@dongseo.ac.kr
Think Innovation

강 범 규 동서대학교 디자인대학 교수/DIC센터장&BK21단장
제품디자인과 디자인매니지먼트를 전공하였고 영국 Brunel
University에서 디자인학 박사를 받았다. 영국 DRS와 한국
KAID, KSDS, KSBDA의 정회원이며 연락처 전화번호는
051,000,0000(연구소) / 000,0000,0000(핸드폰) 주소는
617-716 부산광역시 사상구 주례동 47 (주례동) 동서대학교
디자인학부, 이메일은 idesign@dongseo.ac.kr 웹사이트는
http://www.bumkyu.com 이다. *Think Innovation*

2002년 디자인한 명함 앞, 뒷면

이 두 가지 명함의 공통점이 있다. 모두 일반적인 명함과 꽤 차
별화되었다는 것이다. 처음 만나는 사람에게 명함을 건네면 대부분
은 신기한 눈으로 보면서 한마디를 한다.

"역시! 다르네요."

더 본 코리아의
얇은 단무지

    방송인으로도 유명한 더본코리아 백종원 대표 역시, 중화요리 프랜차이즈를 만들면서 일견 사소하지만 허를 찌르는 무기를 통해 차별화에 성공한 사례를 들려주기도 했다. 지금은 비교적 쉽게 접할 수 있는 '얇은 단무지'다.

    사실 백종원 대표와 이 얇은 단무지 이야기에는 여러 가지 설이 있다. 백종원 대표가 이런 얇은 단무지를 처음 사용한 곳이 중국요리 가게라는 사람도 있고 우동 가게라는 사람도 있다. 또한 손님들이 단무지 하나를 여러 번 잘라서 먹느라 불편해하는 모습을 보고 얇게 썰어서 냈다는 이야기도 있고, 새로운 프랜차이즈를 준비하던 중 다른 식당에서 이런 얇은 단무지를 먹어보고는 자신의 사업에 접목했다는 이야기도 있다. 하지만 그건 중요한 게 아니다. 정말 중요한 건, 기존 식당들에서도 기본으로 제공하던 단무지를 단지 얇게 썬 것만으로도 큰 차별화가 됐고, 실제로 인터넷에 검색만 해보더라도 이 단무지에 반해 그 프랜차이즈를 이용하게 됐다는 사람이 많다는 것이다. 중국요리 가게건 우동 가게건, 부차적인 요소에 불과한 단무지 하나를 단지 얇게 썰었다는 것만으로도 차별화에 성공했고 손님을 불러모았다. 이게 바로 허를 찌르는 차별화 요소다.

부산시청 앞의 후스커피chus coffee 또한 이런 차별화에 성공한 카페다. 여느 시청 앞이 그렇듯 부산시청 앞에도 수많은 카페가 있는데, 후스커피는 그중에서도 매우 독특하다. 내·외부 인테리어도 훌륭하고, 대표님의 경영 마인드와 방식도 독특하다. 작은 개인 카페로서는 드물게도 시스템까지 잘 갖추고 있고, 직원들의 충성도도 상당하다. 경영을 해본 사람이라면 알겠지만, 직원의 충성도는 매우 중요하다. 애사심이 클수록 이직률이 낮고 의욕적으로 일할 뿐만 아니라 서비스직에서는 고객을 대하는 태도도 달라지게 마련이다.

하지만 이런 여러 가지 강점 중에서도 후스커피가 주위에 수많은 카페가 있는 극심한 경쟁 상황 속에서도 그 짧은 시간에 자리를

부산시청 앞 카페
'후스커피'의 샌드위치

잡은 가장 큰 요소는 누가 뭐래도 '샌드위치'다. 내게 '인생 샌드위치'가 무엇이냐 묻는다면 나는 당당히 후스커피의 샌드위치를 꼽겠다. 그만큼 맛도, 비주얼도 훌륭하다. 오죽하면 프리젠트에 납품을 해달라고 몇 번을 졸랐을 정도다.

그런데 카페에서 어떻게 샌드위치가
차별화 요소가 된다는 걸까?

후스커피는 처음 오픈 시점부터 샌드위치가 가장 반응이 좋았고, 여전히 많은 사람이 '샌드위치를 먹기 위해' 이곳을 찾는다. 부산시청과 인근 사무실 등에서는 단체 주문이 끊이지 않는다. 즉, 커피가 아닌 샌드위치가 대표 메뉴가 된 것이다.

그런데 만약 이름이 '후스 샌드위치'였다면 어땠을까? 그럼 초기에 지금처럼 자리를 잡기 어려웠을 것이다. 우선 사람들은 처음부터 샌드위치에 대한 기대치가 훨씬 높은 상태로 방문했을 테니 전혀 기대하지 않았을 때보다는 만족도가 상대적으로 떨어졌을 가능성이 높다. 즉, '커피를 마시러 가서 뜻하지 않게 맛있는 샌드위치까지 먹게 되면서' 훨씬 만족도가 높아졌고, 순식간에 입소문을 타게 될 것이다.

또한 샌드위치 가게는 카페에 비해 방문객이 제한적일 수밖에 없다. 빙수 가게에도 커피를 팔지만 주로 빙수를 먹으러 가는 것처럼, 샌드위치 가게는 주로 샌드위치를 먹으려는 손님이 찾게 마련이다. 유명 샌드위치 프랜차이즈인 서브웨이만 보더라도 커피를 마시러 가는 사람은 거의 없는 걸 알 수 있지 않은가? 그러니 샌드위치 가게였다면 애초에 '샌드위치를 먹으려는 비교적 적은 손님이, 샌드위치에 대한 기대치는 더 높은 상태에서' 방문했을 것이다. 초기 방문자는 적고 기대치는 높았을 테니 입소문이 나고 자리를 잡는 데 지금보다는 힘들었을 가능성이 높다. 반면 '카페'로 인식되면서 비교적 많은 사람이 찾게 됐고, 이들이 기대치 않았던 샌드위치의 맛에 놀라면서 '더 많은 손님에게 더 큰 만족을' 준 셈이다.

이뿐만이 아니다. 후스커피에는 아름답고 고풍스러운 찻잔과 향기로운 꽃이 있다. 음료와 음식을 줄 때 아기자기한 꽃병에 꽃을 몇 송이 함께 주는데, 반응이 매우 좋다.

후스커피는 이런 여러 가지 차별화된 무기들을 통해 수많은 카페가 자리한 곳에서도 독보적인 입지를 다질 수 있었다. 이후로도 손님들 의견에 귀 기울여 메뉴에 변화를 주고 인테리어를 바꾸는 등 끊임없이 차별화하기 위해 투자를 이어가고 있다. 그 결과 카페 오픈 5년 만에 규모가 4배가량 커졌고, 직원 수도 훨씬 늘었으며, 이제 2층에는 김밥 가게까지 운영하고 있다. 단, 여기서 놓치지 말아야 할 것이 있다. 본질과 기본에서 최소한의 경쟁력을 갖추는 것이 우선이라는 점이다. 여기에 차별화된 무기를 더해야 한다. 후스

'후스커피'의 내부 인테리어

커피 역시 카페로서의 기본이자 본질인 커피와 음료의 맛을 먼저 갖추었기에 앞서 설명한 차별화 요소들이 무기가 됐던 것이다.

차별화 하면, 내게 떠오르는 대표적인 건축물이 있다. 프랑스 파리의 3대 미술관 중 하나인 국립현대미술관 퐁피두센터이다. 알다시피 파리에는 아주 오래전에 건축된 고풍스러운 고전의 건축물이 즐비하다. 그런데 퐁피두센터는 생뚱맞게 주변에서는 찾아볼 수 없는 아주 강한 컬러와 건축물 속에 숨겨져 있어야 할 환풍기 등 각종 배관을 건물 외부에 그대로 노출시킨 매우 차별화된 건축물이다. 그리고 주로 건물 안에 있는 계단도 건물 외부에 위치시켜 놓았다. 이 건축물이 처음 등장한 1970년대부터 세계의 많은 건축가뿐만 아니라 일반인들에게도 파격적인 건물이라는 비판과 찬사를 동시에 받으며 세계적인 주목을 받고 있다.

디자이너 또한 디자인을 할 때 그 상품의 본질과 기본을 우선으로 하되 그 외적인 요소에서 차별화를 꾀하는 경우가 많다. 의자 하나를 디자인하더라도 의자로서의 기능을 충분히 고려한 상태에서 형태와 색상, 크기, 재질 등을 통해 차별화를 꾀하는 것이다. 제아무리 예뻐도 앉을 수 없는 의자는 의자가 아니니 말이다.

본질과 차별화에 대해서는 2장에서 좀 더 자세히 다루겠다.

파리의 퐁피두센터
사진출처 강범규

차별화 vs. 어울림, 무엇이 먼저인가?

나는 차별화야말로 디자인의 핵심이라고 생각한다. 물론 차별화가 전부는 아니지만 무척 중요한 요소다. 그래서 학생들에게도 이런 말을 자주 한다.

"이미 이렇게 많은 물건이 있는데 왜 또 다른 물건을 만들어야 하는가? 이번에 새로 나온 제품은 기존 제품과 뭐가 다른가? 디자이너는 이 질문에 답을 해야만 한다."

차별화를 강조하는 말이다.

하지만 아이러니하게도 정작 디자인을 하다 보면 차별화보다는 어울림을 내세우게 되는 경우가 많다. 차별화라면 '다름'이니 '어울림'과는 의미가 반대되는 말이다. 어려운 문제다.

"그럼 차별화와 어울림 중 무엇이 먼저인가요?"

이런 질문이 나오는 게 당연하다.

정답은 없다. 나 또한 디자인을 하다 보면 차별화에 집중해 '튀게, 더 튀게!'를 내세울 때도 있고, '전체적인 조화'를 우선할 때도 많다. "조화는 무슨! 그냥 튀게 가!"라는 생각에 형태부터 색상까지 눈에 확 띄는 디자인을 하는가 하면, 조화를 해쳐서는 안 된다는 생각에 최대한 주위 환경에 잘 녹아들도록 자연스럽고 무난한 형태에 톤tone까지 낮추기도 한다.

정답이 없기에 공부와 경험이 필요하다. 좋은 디자인을 자주 접하면서 어떤 때 조화를 내세우고 또 언제 차별화에 집중할 것인지 감각을 키워야 한다. 사실 그 중심에는 컨셉이 있다. 컨셉에 따라 '더 튀게!'를 택할 수도, 어울림을 택할 수도 있는 것이다.

이렇게 말하니 너무 뜬구름 잡는 소리처럼 들릴 수도 있겠지만, 사실 내게는 차별화와 어울림에 대한 나름의 기준과 철학이 있다. 다만 이는 내 생각일 뿐이고, 나 또한 이런 기준이 자리 잡기까지 시간이 꽤 걸린 만큼 기준은 사람마다 다르고 또 상황에 따라서 얼마든지 바뀔 수 있음을 안다. 그러니 명확한 기준에 의한 판단이라기보다는 '감'에 의존하는 부분이기도 하다.

나는 '어울림'이 먼저라고 생각한다. 좀 더 구체적으로는 '어울림 안에서의 차별화'가 되어야 한다. 강박적일 정도로 차별화를 꾀하되, 그것은 어울림 안에서 이루어져야 한다는 것이다.

어떤 제품이건 빈 공간에 홀로 덩그러니 있지는 않다. 무엇이든 어떤 공간 안에서 다른 제품들과 함께 놓여 있다. 이들은 서로 조화를 이루어야 하고 서로의 존재에 도움이 되어야 한다. 나아가 그 공간의 다른 제품들과 서로 잘 어울려야 한다. '잘 어울림'은 곧 '조화로움'이다. 디자인에 있어 조화는 매우 중요하다. 가장 중요하다고

강범규 교수 수업 중
'아름다운 컬러 찾아오기의
과제 제출물'
📷 사진출처 김양영

해도 과언이 아니다.

하나만을 놓고 보면 좋은지 나쁜지 판단하기 어려운 경우가 많다. 전체적으로 봤을 때 비로소 '잘 어울린다' 또는 '아니다'라고 말하기 쉽다. 색상의 경우 어떤 색상 하나만을 보고도 좋다거나 좋지 않다고 이야기할 수는 있다. 하지만 같은 색상의 제품이라도 어디에 사용하느냐, 주변의 다른 것들과 어떻게 매치하느냐에 좋아 보이기도, 촌스러워 보이기도 한다. 예를 들어 콘크리트 색은 좋아 보이지 않을 수도 있지만, 최근 카페 등에서 노출 콘크리트 인테리어가 자주 사용되면서 이제 세련돼 보이기까지 한다. 만약 파리 패션쇼 런웨이에서 이런 색상을 접했다고 해보자. 나아가 남자 모델이 이 무색 그레이 톤인 콘크리트 색 정장에 레몬옐로가 들어간 스트라이프 넥타이를 매고 런웨이에서 워킹을 한다면? 같은 콘크리트 색인데도 세련되고 고급스럽게 보일 수도 있다. 이와 유사한 사례는 얼마든지 찾아볼 수 있다.

어울림의 중요성이 꼭 공간에 놓이는 제품들에만 국한되는 것은 아니다. 오히려 도시나 자연 속에서 더욱 중요하다.

유럽 도시들은 매우 정갈하고 세련된 느낌이 든다. 건축물들, 특히 시골의 집들은 통일감 있게 서로 잘 어우러진다. 건축물의 형태뿐만 아니라 색상 역시 같은 컬러와 같은 톤의 색상 컨셉을 유지하고 있기에 더욱 그렇게 느껴진다.

이처럼 건축물은 특히 주위 환경과 잘 어울리도록 해야 한다. 그

오스트리아 잘츠부르크 ⓘ 사진출처 강범규

좌_ 오스트리아 잘츠부르크 거리의 심플하고 아름다운 간판들 사진출처 강범규
우_ 상가의 간판들이 난립한 모습 사진출처 클립아트코리아

래야 전체 환경과 조화가 되면서도 쾌적한 공간을 연출할 수 있다. 그러나 우리는 이런 부분을 크게 고려하지 않았고, 그 결과 도시가 어수선해 보이는 것이다. 오래전 생겨난 유럽의 건축물들과 비교해 보면 그 차이가 더욱 두드러진다.

상가의 간판만 보더라도 이런 차이를 느낄 수 있다. 얼마 전 오스트리아 잘츠부르크를 여행했을 때, 거리에서 만난 간판들의 세련미와 조화로움에 감탄하기도 했다. 화려하지는 않지만 서로 잘 어우러지면서도 하나하나가 마치 예술 작품처럼 아름다웠다. 거리의 건물들과도 그렇게 잘 어울릴 수가 없었다. 문득 우리나라의 산만하기 그지없는, 건물을 완전히 덮어버린 간판 숲들이 떠올랐다. 우리나라 상가의 간판들은 더 크고 더 강렬한 색상으로 경쟁을 하느라 가뜩이나 아름답지 못한 건축물을 더욱 흉하게 만들기 일쑤다. 조화 같은 것은 애초에 염두에 두지 않은 듯 형형색색의 간판들이 난립해 있는 모양새다.

어디다 눈을 둬야 할지 모를 정도로 정신없는 간판들의 아우성에 나는 의식적으로 시선을 내리깔기도 한다. 간판마다 자기만 봐달라고 시끄럽게 소리를 지르는데 오히려 그게 너무 시끄러워서 눈을 감고 귀를 닫아버리는 것이다.

디자이너라면 절대로 이런 일이 생기도록 내버려둬서는 안 된다. 하다못해 제품 하나를 디자인하더라도 전체의 조화를 생각해야만 한다. 벽시계를 디자인한다면 몸체와 뚜껑, 바늘과 숫자, 전체적인 형태는 둥글게 할 것인지 네모로 할 것인지, 크기는 어느 정도일 것인지 등 모든 면들이 어울려야 한다. 차별화를 하겠다고 시계의 바탕 컬러를 형광색으로 한다거나 아라비아 숫자와 로마 숫자를 섞어서 쓴다거나 했다가는 부조화로 인해 아름답지도 않고 실용성도 떨어지는 제품이 나오기 쉽다. 그렇기에 디자이너는 어울림 속에서의 차별화를 만들어내야 한다. 그런 차별화야말로 더욱 빛을 내는 경우가 많다.

프리젠트의
사옥 겸 카페

나는 프리젠트의 사옥 겸 카페를 지을 때 주위 환경, 특히 다른 건축물들과의 어울림을 최우선으로 삼았다. 그런 면에서 건축물의 외관 마감재가 더욱 중요했다.

프리젠트 사옥이 들어설 곳의 주위를 둘러보니 주위의 빌라들도 그렇고 인근의 큰 교회도 빨간 벽돌 건물이었다. 그래서 나는 건축가에게 주위와의 어울림이 우선이되 그 안에서 차별화된, 빼어난 건축물이 됐으면 좋겠다고 했다. 그리고 오스트리아 출장길에 구입한, 벽돌 사진이 잔뜩 담겨 있는 책 2권을 건축가에게 선물하기도 했다. 이후로도 1년여의 건축 기간 동안 매주 건축가와 그의 스태프들을 만나 함께 점심을 먹으며 공간과 건축, 인테리어 등에 대해 의견을 나누었다. 전체적인 컨셉과 인테리어의 세부적인 요소까지 모두 이러한 소통을 통해 정해졌고, 결국 프리젠트는 빨간 벽돌을 건물 마감재로 사용했다. 내가 원한 대로 주위와 어울

이 봄은 작년에 죽은 많은 사람들이 그토록 기다리던 봄입니다_정호승

리는 색감이었다. 그리고 이 빨간 벽돌에는 과거의 시멘트 자국과 흔적이 그대로 남아 있고, 중간 중간 일부 벽돌을 돌출하여 벽면을 마감했다. 이는 단색 빨간 벽돌만으로 평면으로 마감한 주위의 건물들과 차별화를 하고자 하는 건축가의 아이디어였다. 그러니까 처음 프리젠트를 짓기로 결정했을 때부터 **'어울림'을 차별화보다 위에 두었던 것이다.** 물론 지금도 그때의 결정과 결과에 매우 만족한다.

이곳은 지금 나와 디자이너들의 상품을 디자인하고 개발하는 공간이자 카페 겸 서점이며, 내가 조용히 아이디어를 얻기 위해 보내는 공간이기도 하다.

그 외에도 종종 전시회나 음악회를 열기도 하고, 발레 공연이나 강연 등을 진행하기도 한다. 음악, 공연, 전시 등 이 모든 것은 '인간의 노는 행위'이고, 이것이 문화다. 문화생활은 삶의 질을 높이는 활동이기도 하다. 이런 문화활동을 주최하고 후원하는 것은 프리젠트의 목표이다.

어울림과 차별화에 대해 한 가지 더 이야기하자면, 두 가지가 반드시 배치되는 개념은 아니라는 것이다. 생각해보면 전혀 다른 것끼리 조화를 이루는 상황을 우리는 자주 보고 있다. 사람만 해도 성격이 상극인 사람이 오히려 잘 지내는 경우가 적지 않다. 음식에서도 전혀 어울릴 것 같지 않은 재료가 합쳐져 독특한 맛을 내기도 한다. 옷을 입을 때도 그렇다. 전체적으로는 무채색 계열의 옷을 입은 사람이 '튀는 색'으로 포인트를 주기도 한다. 만약 색상 선정을 잘못하면 그냥 '튀기만' 할 뿐 전체적인 균형이 깨져서 오히려 옷을 못 입는 사람이라는 소리를 듣기 쉽다. 반면 튀는 색상이라 해도 전체적인 의상 컨셉과 잘 어울린다면 심심하지 않은 매치가 되어 '옷 잘 입는 사람'이라는 말을 듣는다.

그럼에도 나 역시 가끔은 어울림보다 차별화 자체에 더 집중하기도 하고,

주변 건물들과의 어울림을 고려한 프리젠트의 붉은 외관 ⒪ 사진출처 PDM

그게 좋은 반응을 얻을 때도 있다. 안타깝게도 이는 수많은 경험과 그렇게 단련된 감각에서 나오는 것이기에 어떻게 해야 그 경계를 구분할 수 있는지를 설명하기란 어렵다. 다만 어울림을 앞에 두고 그 안에서 차별화를 해나간다면 성공 확률을 높일 수 있을 것이다.

디자이너,
비주얼의 마법사

디자인계의 세계적인 석학 빅터 파파넥 교수는 '디자인은 문제를 해결하는 과정'이라고 했는데, 그렇다면 아름다움은 신경 쓰지 않아도 된다는 걸까? 물론 그건 아니다. 디자인은 항상 아름다움을 염두에 둬야 한다. 아름다움의 기준이야 사람마다 다르겠지만, 불특정 다수의 사람이 아름답다고 느끼게 하는 결과물을 만들어내는 것도 디자이너의 역량이다.

같은 요리도 어떤 그릇에 어떤 방식으로 담아내느냐에 따라 느낌이 전혀 달라진다. 고급 레스토랑의 메인 코스 요리처럼 보이기도 하고, 속된 말로 '개밥'처럼 보이기도 한다. 재료도, 맛도 똑같을지라도 우리는 전자에 더 끌린다. 회사에서는 내용이 같더라도 보기 좋게 정리된 보고서를 선호한다. 첫인상이 깔끔하고 친절한 사람에게 더 끌리는 것도 비슷한 경우다.

요즘에는 예쁘고 아기자기한 것, 남들에게 자랑하고 싶은 무언

삼청점 블루보틀 Ⓘ 사진출처 강범규

가를 봤을 때 SNS에 올릴 사진을 찍는 것이 일상화되었다. 소위 '인스타 감성'이다. 이를 잘 활용하면 마케팅에도 큰 도움이 된다. 이게 바로 비주얼의 힘이다. 그리고 디자이너야말로 이런 비주얼에 가장 강한 사람이다.

부산에 '그린노마드'라는 내가 좋아하는 카페가 있다. 이곳은 인테리어가 매우 뛰어나다. 나는 가끔 도심 속에서 잠시 자연으로 들어가고 싶은 마음이 생길 때면 이곳을 찾는다. 이름에서도 알 수 있듯이 곳곳에 식물들이 놓여 있어 마치 자연 속에서 느긋하게 휴식을 취하는 느낌이 드는 카페다. 입구부터 남다르다.

그린노마드는 흔히 놓치기 쉬운 작은 곳까지 비주얼에 신경을 쓴 것이 느껴지는 곳이다. 젊은 멋쟁이 부부가 운영하는 카페인데, 이들은 특히 내가 무척이나 좋아하는 독일의 대표적인 산업 디자이너 디터 람스Dieter Rams의 디자인 제품들을 곳곳에 구비해놓았다. 디터 람스는 애플의 수석 디자이너 조너선 아이브Jonathan Ive가 아이폰과 아이팟 등을 디자인할 때 자신에게 영감을 주었다고 고백했던 유명한 디자이너이기도 하고, 일본을 대표하는 제품 디자이너인 나오토 후카사와가 가장 존경하는 디자이너로 뽑은 인물이기도 하다. 그리고 디터 람스는 제품 디자인에 미니멀리즘을 도입한 대표적인 디자이너다. 그렇기에 그린노마드의 자연친화적인 인테리어와 충돌하지 않고 어울릴 수 있다.

위_ 숲속 오솔길 같은 '그린노마드'의 입구
아래_ '인스타 감성'의 끝판왕이라 할 만한 '그린노마드' 내부

[○] 사진출처 그린노마드

그린노마드는 심지어 메뉴판 하나도 뻔한 디자인을 거부했다. 그렇기에 인스타그램에 '그린노마드'로 검색하면 수천 개의 게시물이 나오는 것이다.

요즘처럼 SNS가 발달한 시대에 비주얼은 그 자체가 큰 경쟁력이다. 그리고 사람들의 감성을 자극하고 만족시키는 '비주얼'을 가장 잘 다루는 사람이 바로 디자이너이다. 우리는 디자이너들이 어떻게 우리의 주변 환경과 일상에서 비주얼을 다루는지 살펴볼 필요가 있다. 본질과 비주얼에 대해서는 2장에서 좀 더 자세히 이야기해보겠다.

디자이너는
'컨셉 메이커concept maker'다

나는 학생들에게 '디자이너는 컨셉 메이커다'라는 말을 자주 한다.

컨셉에 대해서는 여러 가지 정의가 있는데, 나는 간단하게 '방향'이라고 정의한다. 이 제품은 어떤 방향을 지향해야 하는가? 어떤 사람들에게 어떤 가치를 가져다주어야 하는가? 기존 제품들과 무엇을 다르게 할 것이며 이는 어떤 의미가 있는가?

컨셉이 디자인에 있어서만 중요한 것은 아니다. 사업을 하는 사람도 '어떤 사업을 해야 할지? 어떤 사업 방향이 좋을지?'가 중요하다. 연구 개발 분야에서도 어떤 연구를 하는 것이 가장 가치 있는 일인지 결정하는 것이 중요하다.

비즈니스를 한다면 무엇을 만들고 팔 것인가부터 가성비로 승부할 것인지 아니면 프리미엄 상품으로 할 것인지도 모두 컨셉에 달려 있다. 그렇기에 컨셉은 방향이라 할 수 있다. 똑같은 김밥 가게를 열어도 김밥천국은 '다양한 메뉴와 뛰어난 가성비'를 내세우는 반면, 바르다김선생은 '좋은 재료로 만든, 몸에 좋은 프리미엄 김밥'을 내세운다. 애초에 추구하는 방향이 다르다.

버려지는 트럭 방수천으로 만들어진 가방이 있다. 가방 끈은 버려진 자동차의 안전벨트를 잘라내서 만든다. 접합부는 자전거 바퀴의 폐튜브로 만들었다. 쉽게 말해서 버려지는 쓰레기로 만든 가방이다. 그런데 가격이 싼 것은 15만 원에서 비싼 것은 60만 원이 넘는다. 내가 일본 백화점과 한국 매장에서 확인한 가방들은 모두 40~60만 원 사이였다. 이 가방에서는 세제 냄새도 풀풀 난다. 그도 그럴 것이 각종 오염물질과 찌든 때를 제거하려면 제법 많은 세제를 사용했을 것이다. 세제 냄새 나는 남루한 낡은 가방이 매년 전 세계 60개국에서 20~40만 개가 팔린다. 1993년 회사 설립 후 무려 300만 개가 팔렸다고 한다. 스위스 취리히에서 만들어지는 프라이탁Freitag 가방 이야기다.

이 회사 설립자인 디자이너 출신 마르쿠스 프라이탁은 폐방수천으로 만든 가방이 이렇게 대박을 터뜨릴 줄 몰랐다고 한다. 취리히는 사흘이 멀다고 비가 내린다. 그래서 프라이탁 형제는 자전거를 타고 다니면서도 책이 젖지 않는 방수가 잘 되는 튼튼한 가방을 만들고 싶었을 뿐이었다는 것이다.

그럼, 어떤 차별화된 컨셉이 '쓰레기로 만든 가방을 세계적인 명품 가방'의 반열에 올려놓은 것일까? 여러 가지 이유가 있겠지만, 내가 생각하는 대표적인 이유는 크게 두 가지다.

첫째는 버려지는 제품들을 다시 사용해서 더 좋은 제품으로 업그레이드시킨 업사이클링upcycling 제품이라는 점이다. 이것은 지구를 사랑하는 사람들에게 의미와 자긍심을 심어준 것이다.

사실 버려진 폐방수천을 수거하고, 여러 번의 세척 공정을 거치고 이것을 제단해서 사용할 있는 부분만 분리해내는 작업에는 비용이 많이 든다. 오히려 새 트럭 방수천을 구매해 가방을 만드는 것이 더 저렴하다. 그럼에도 이들이 폐방수천을 수거해 가방을 만드는 것은 이들만의 '가치 있는 제품 만들기'라는 차별화된 컨셉 철학이 있기 때문이다.

둘째는 세계에서 단 하나밖에 없는 제품이라는 희소성을 부여한 것이다. 루이비통, 헤르메스, 샤넬 등 세계 최고의 명품들도 단 하나의 제품만 존재하지 않는다. 그런데 프라이탁 가방은 다르다. 버려진 트럭 방수천을 잘라서 만들기 때문에 같은 트럭에서 나온 방수천이라 해도 잘려지는 부분이 다르다. 당연히 같은 디자인 제품이 있을 수 없다. 그러니 그동안 만들어진 300만 개의 제품이 모두 다른 디자인이라는 것이다.

그 외에도 프라이탁 가방은 방수기능이 탁월하고, 매우 튼튼하다. 체중이 80kg인 사람이 10분간 매달려 있어도 실밥 하나 떨어지지 않았다고 하지 않은가?

사실 컨셉에 대해 자세히 이야기하자면 책 한 권으로도 부족하다. 다만 실제로는 아예 컨셉이 무엇인지 생각조차 하지 않는 사람이 너무도 많으니 이 정도만이라도 잊지 말라는 당부일 뿐이다.

컨셉은 경쟁이 심한 분야에서, 특히 규모가 작을수록 더욱 중요하다. 장사를 한다면 작은 가게일수록 더욱 중요하다. 대기업들은 이미 시장에서 자사 브랜드를 알고 있는 고객층을 가지고 있는 경우가 많기에 작은 가게가 그 틈바구니에서 살아남으려면 차별화된 무언가가 있어야 하기 때문이다. 유명 프랜차이즈 업체들이 점령하다시피 한 베이커리 업계에서 '식빵 전문점'들이 생겨났던 것도 그런 사례라 볼 수 있다. 지금은 식빵 전문점들이 너무 많아져 자신들끼리 경쟁하는 모양새가 되어가고 있지만, 처음 생겨났을 때만 해도 무척 신선한 컨셉이었다. 메뉴 개발 부서가 따로 있는 프랜차이즈 업체를 상대로 어차피 다양한 빵의 종류로는 승부해서는 살아남을 가능성이 매우 희박하다. 그런 상황에서 오히려 한 가지 메뉴인 식빵에만 집중한 것은 소비자들에게 이 식빵 전문점이 매우 전문성 있게 보이기도 했고, 가게 운영에도 매우 효율적이었다. 나는 이때 그토록 다양한 식빵이 있다는 것도 처음 알게 됐다. 그리고 그때 쌀로 만든 식빵을 먹어본 후로는 쌀 식빵만 먹게 됐다. 식감이 내 입맛에 딱 맞는 데다가 건강에도 좋기 때문이다.

컨셉은 경쟁자들과 다른 무엇, 차별화된 그 무엇을 고객들에게 각인시키는 과정이기도 하다. 컨셉의 힘은 이미 수많은 사례를 통해서도 증명됐다. 작은 사업, 동네에서 조그맣게 시작한 가게도 컨셉을 어떻게 잡고 얼마나 잘 구현했느냐에 따라 결과는 완전히 달라진다.

김포의 매장 하나로 시작해 지금은 서울에도 진출해 총 5개의 지점을 운영 중인 '카페진정성'도 그런 곳 중 하나다.

"진짜 재료 그대로, 가장 맛있는 맛을 담아내는 카페진정성입니다.
우리의 이름은 착한 원재료와 손이 많이 가는 정성스러운 제조과정
을 전달하고자 하는 의미를 담고 있습니다."

카페진정성의 온라인 매장에 실린 소개 문구다. 그리고 이런 방향성은 매장 인테리어에도 드러난다.

카페는 보통 음식점들과 달리 커피를 내리고 음식을 만드는 주방과 케이크를 비롯한 디저트가 진열되어 있는 진열대, 계산하는 카운터가 하나로 되어 있다. 카페진정성은 디저트나 대표 메뉴인 밀크티 등은 제조실에서 따로 만들지만, 커피를 내리는 곳과 진열대는 매장 한가운데에 있다.

식당도 아닌 카페에서 주방을 오픈하는 것이 뭐 그리 대수냐고

'카페진정성' 하성본점의 인테리어 사진
'카페진정성'에서 판매되고 있는 밀크티

사진출처 THE FIRST PENGUIN, 카페진정성 공식사이트 생각할 수도 있지만, 모르는 소리다. 진열대를 낮추고 개방하는 것만으로도 카페진정성의 소개에서 밝힌 것처럼 '정성스러운 제조과정'을 고스란히 보여줄 수 있음은 물론이고 손님들에게 신뢰도 줄 수 있기 때문이다. '진정성'이라는 이름을 내걸고 손님들과 직원들 사이에 '벽'을 만든다는 게 말이 되겠는가? 더구나 직접 커피를 내리는 모습을 볼 수 있어 기다림이 지루하지 않고, 전문 셰프가 내가 주문한 커피를 정성스럽게 내리는 모습을 보면 신뢰감이 저절도 생긴다.

프리젠트
카페

나 역시 프리젠트 카페를 만들 때 주방을 오픈하려 했다. 간단한 식사대용으로 샌드위치나 빵 등을 팔 생각이었기에 더욱 그러고 싶었다. 하지만 오픈 주방이 가지는 여러 문제에 대해서 알게 되어 프리젠트 카페에는 적용을 하지 않았다. 다만, 이를 보완하기 위해 여러 방법을 생각 중이다. 주방에 CCTV를 설치해 이를 실시간으로 손님들이 볼 수 있도록 카운터 앞에 큰 화면으로 공개하는 방법도 생각했다. 어떤 음식이든 먹을 것을 판매하는 곳이라면 청결에 대한 신뢰를 줄 수 있어야 한다는 믿음 때문이다. 이 역시 내가 생각하는 요식업계가 지향해야 할 방향, 즉 일종의 컨셉인 셈이다.

프리젠트 카페가 가지는 차별화 컨셉은 '책과 나무'다. 그래서 프리젠트의 곳곳에는 풀과 나무, 잔디가 있고, 책이 진열되어 있으며, 독서하기 좋은 환경에서 나아가 '독서를 하고 싶어지는 환경'으로 꾸몄다.

독서하고 싶어지는 프리젠트 카페 내부
📷 사진출처 강범규

넓지도, 화려하지도 않지만 야외에 가든 형태로 잔디와 나무 옆에 의자를 두어 편하게 앉아서 쉬거나 바람을 맞으며 햇살 아래 책을 읽을 수도 있게 해두었다. 카페 내부에도 공간을 구분해 커피 한잔을 두고 조용히 대화하기 좋은 곳, 반가운 사람끼리 수다 떨기 좋은 곳, 책이나 노트북을 펼쳐두고 일하거나 공부하기 좋은 곳도 만들어두었다. 조명에도 신경을 썼음은 물론이다.

서점을 겸하고 있으니 내부에는 내가 직접 고른, 인문학과 디자인 책들이 진열되어 있고, 한쪽에는 책을 읽기 좋은 테이블을 마련해두었다. 또한 곳곳에 화분을 놓거나 화초를 심어두어 비록 카페 내부에 있더라도 자연 속에서 책을 접하는 느낌을 주도록 했다.

독서하고 싶어지는 프리젠트 카페 내부 Ⓘ 사진출처 강범규

    내 의도가 어느 정도 통한 것인지, 실제로 사람들이 테이블에 둘러앉아 책을 읽거나 날씨가 좋을 때는 야외에서도 독서하는 모습을 자주 볼 수 있다. 서점도, 카페도 모두 살아남기 힘든 산업이라고들 하지만, 프리젠트 카페는 꾸준히 사람들의 사랑을 받고 있다. 이렇게 사랑을 받는 가장 큰 이유는 밝은 웃음을 잃지 않고 즐겁게 일하는 카페 직원들과 이 공간이 가진 컨셉의 힘이라고 생각한다.

라면집도
디자이너가 하면 다르다

구슬이 서 말이라도
꿰지 않으면 가치가 없다

컨셉에 있어서 '어떤 컨셉을 정하느냐?'라는 일의 방향을 정하는 일 못지않게 중요한 것이 컨셉의 완성도다. 예를 들어, 집에 손님을 초대해 저녁을 대접한다고 해보자. 이때 어떤 음식을 대접할지 결정하는 것이 곧 컨셉을 정하는 것이라면, 그 요리를 맛있게 그리고 보기 좋게 만들어 대접하는 것은 곧 컨셉의 완성도를 높이는 일이다. 만약 손님이 양식이나 중식 등 다른 나라 음식보다는 한식, 그중에서 된장찌개 같은 서민적인 음식을 가장 좋아한다는 사실을 알아내 그 음식을 대접하기로 결정했다면 컨셉을 정확하게 찾아낸 것이다. 하지만 제아무리 메뉴를 잘 정했어도 요리가 맛이 없다면 이는 컨셉을 잘 잡았지만, 컨셉의 완성을 해내지 못한 것이니 실패다. 반면 손님의 취향을 미처 파악하지 못해 파스타를 준비했다고 해보자. 그렇다면 일단 컨셉을 잘못 잡은 경우다. 하지만 대신 파스타를 무척 맛있게 만들었다면? 나아가 먹기 아까울 정도로 아름답게 담아내기까지 했다면? 이 경우 손님은 파스타를 맛있게 먹고 매우 만족할 가능성이 높아진다. 이는 컨셉이 잘못되었어도 바로 디테일과 차별화, 극도로 끌어올린 컨셉의 완성도를 통해 성공한 사례가 될 수 있다. 물론 제아무리 컨셉의 완성도를 높여도 컨셉을 잘못 정하면 회복할 수 없는 경우도 있지만 말이다.

그런 의미에서 디자이너는 항상 제대로 된 컨셉을 찾아내고 그 컨셉의 디테일을 높이는 것, 나아가 완성도를 높이는 일 중 어느 하나도 소홀히 할 수 없다.

나는 컨셉의 완성을 '구슬을 꿰는 것'에 비유하곤 한다. '구슬이 서 말이라도 꿰어야 보배'라는 말처럼, 제아무리 아름다운 구슬이 많아도 꿰지 않으면 그저 구슬일 뿐, 장신구는 되지 않는다. 여기서 말하는 구슬은 '자료'나 '정보'를 의미한다. 손님의 음식 취향에 대한 정보를 잔뜩 알아냈다 해도 이를 활용해 제대로 대접하지 않으면 아무런 의미가 없는 것이다.

하지만 좋은 장신구, 다양하고 창의적인 장신구를 만들기 위해서는 다양하고, 독특하고 최대한 많은 구슬을 모으는 것이 선행되어야 한다. 구슬을 50개 가진 사람보다는 100개 가진 사람이 더 다양한 조합으로 보다 아름다운 장신구를 만들 가능성이 높기 때문이다. 그리고 같은 모양의 구슬보다 다른 모양, 다른 컬러의 다양한 구슬이 있다면, 보다 차별화되고 창의적인 장신구를 만들어내기 위해 유리하다. 요리사도 재료가 다양하면 더 맛있고 건강에도 좋은 음식을 만들 수 있다. 그래서 나는 대학에서 디자인 수업을 할때 학생들에게 '구슬을 최대한 많이 모을 것', 즉 사용자와 경쟁 상품 등에 대한 다양한 자료와 정보를 최대한 많이 모을 것을 강조한다.

디자인 과정에서 어떤 컨셉의 제품을 만들기 위한 구슬은 조사를 통해 나온다. 조사의 기본 대상은 사용자와 기존 제품들을 포함한 시장, 그리고 그 상품이 사용되는 환경이다. 이 제품은 어떤 사람들이 사용하는가? 어떤 제품과 경쟁하며 현재 시장 상황은 어떠한가? 또한 이 제품은 어떤 환경에서 사용되는가?

그중 경험과 정보, 지식의 중요성은 두말할 필요도 없다. 예를 들어, 새로운 비행기 의자를 디자인하기 위해서는 일단 기본적으로 다양한 국적기의 비행기를 타서 다양한 좌석에 앉아서 여행해본 경험이 절대적으로 필요하다. 예를 들어 매번 같은 비행기만을 이용해본 경험은 큰 도움이 안 된다. 여러 비행기를 이용하면서 직접 앉아서 밥도 먹고 차도 마시고 책도 읽고 영화도 보면서 장시간 여행을 해본 경험이 든든한 밑천이 된다. 또한 사람들의 니즈needs와 욕구wants가 무엇인지 알아야 한다

이때 각 경험과 지식, 정보는 하나하나의 구슬에 불과했다. 이러한 단편적인 정보와 경험들에서 핵심적인 욕구나 가치를 찾아내 하나의 컨셉으로 잘 승화시켜야 한다. 그리고 이렇게 창출된 컨셉은 우리가 사용할 수 있는 제품이나 서비스로 완성되어 우리가 목말라하는 욕구를 충족시켜줄 때 비로소 훌륭한 디자인이 탄생한 것이다.

왜 디자이너가 하면 라면집도 다를까?

02

왜 디자이너가
하면 라면집도
다를까?

세상은 변한다.

어지간한 걸음으로는, 아니 전력을 다해 쫓아가도 따라갈 수 없을 만큼 빠르게 바뀐다.

그 안에서 살아가는 사람들의 라이프 스타일 역시 바뀌어간다. 이런 변화로 인해 보는 것, 나아가 '보이는 것'의 영향이 갈수록 커지고 있다.

그리고 이런 추세는 더욱 가속화될 것이다.

우리가 하루 동안 얼마나 많은 사진과 영상을 보고, 이것들을 SNS에 올리는지를 보면 쉽게 알 수 있다. 사람들은 이제 습관적으로 타인의 SNS를 보기도 하고, 자신의 평범한 일상을 인스타그램에 올려 지인만이 아니라 불특정 다수의 사람들과도 공유한다.

이렇게 '보는 것'과 '보여지는 것', 즉 '비주얼'을 통해 사람들의 욕구를 파악하고 그들을 감성적으로 만족시키는 것은 디자이너가 가장 잘하는 영역이다.

지금부터 디자이너가 어떻게 시각화 작업을 통해서 사람의 감성을 움직이는지, 작은 변화와 적은 비용으로 더 큰 효과를 보는지에 대해 알아보자.

누가 뭐래도, 시대가 변해도
가장 중요한 건 본질本質이다

시각화의 힘, 비주얼의 강력함을 이야기하기 전에 알아둬야 할 것이 있다. 아무리 차별화가 중요하고 비주얼이 중요하다고 해도 모든 제품의 존재 이유나 서비스의 핵심은 '본질本質'이다. 본질은 사물의 근본적인 성질이나 모습이다. 이 본질을 잘 이해하지 못하면 차별화고 비주얼이고 아무 소용이 없는 경우가 많다. 시대가 변하고 환경이 변하면 비주얼 기능은 현저히 떨어질 가능성이 있지만, 본질만은 자신의 자리를 지킬 것이다.

쉽게 말해, 본질은 그 자체로 가장 강력한 차별화 무기다. 어떤 경쟁자보다도 맛있는 라면을 만들 수 있다면 그 가게는 잘될 수밖에 없다. 심지어 가게가 허름하고 교통이 불편한 데다가 가격이 제법 비싸도, 별다른 홍보나 마케팅을 하지 않아도 사람들이 알아서 찾아오고 줄을 설 것이다.

내가 사는 동네에 유명한 짬뽕 가게가 있다. 유동인구가 많지 않은 주택가에 있고, 허름한 건물 공간에 위치해 있는 데다가 짬뽕 가격이 제법 비싼 데도 문전성시를 이룬다. 심지어 다른 지역에서 찾아오는 사람도 많다.

이곳의 컨셉은 명확하다. 짬뽕으로 승부하겠다는 것이다. 실제로 많지 않은 메뉴의 절반이 짬뽕이다. '전국 5대 짬뽕 맛집'이라는 애칭이 있는 '하마짬뽕'으로, 이름에서부터 짬뽕으로 승부를 걸었음을 알 수 있다. 음식점이라면 이곳처럼 대표 메뉴의 음식 맛으로 정면 승부를 하는 것이 본질에 충실한 것이다.

반면 비주얼이 제아무리 뛰어나고 상권이 좋은 위치에 가격이 저렴하더라도 본질에 있어 기본조차 지키지 못한다면 살아남기 어렵다. 최근에는 SNS가 발달하면서 정보를 구하기가 쉬워진 덕인지 새로 오픈하는 곳들은 대부분 인테리어가 나쁘지 않다. 그럼에도 여전히 사업자의 절반은 1년을 넘기지 못해 폐업하고, 3년 이상 버티는 곳은 드물다. 반면 본질에 충실한 곳들은 시간이 지나도 흔들림 없는 경우가 많다. 10년이 넘는 세월을 살아남은 가게들을 보면 음식점은 음식 맛에 대해, 서비스업은 서비스에 대해 평이 좋다. 직장인 역시 자신이 몸담은 조직에서 해야 할 기본 역할조차 해내지 못한다면 살아남지 못한다. 무능한 사람이 사내 정치만으로 버텨내는 데에는 분명 한계가 있기 때문이다.

결국 '본질'은 그 자체가 무엇보다도 강력한 경쟁력이다. 당연한 이야기다. 다만 본질을 제대로 이해하고 실현하는 것이 쉽지 않을 뿐이다. 라면집에서 전혀 새로운 라면을 개발하는 것이 쉬울까? 또는 같은 라면을 다른 어떤 곳보다 맛있게 만드는 게 쉬울까? 당연히 쉽지 않다. 새로운 메뉴를 만들려면 상당한 시간과 노력이 필요하다. 게다가 그토록 노력해 만든 결과물이 반드시 성공하는 것도 아니다. 실제로 대부분의 신제품은 실패로 끝난다.

그럼에도 우리는 기본과 본질에 충실해야 한다. 또한 그 위에 새로운 가치를 하나 더할 수 있다면 그야말로 금상첨화다. 다만 본질적 기능에 있어서 1등을 차지하기란 쉬운 일이 아니다. 그렇기에 본질에 있어서 일정 수준을 갖추었다면, 본질적 기능에 추가해서 보다 확실한 경쟁력을 만들어줄 다른 무엇이 필요하다. 그 '다른 무엇' 중 가장 투자대비 효과적가 높은 것이 바로 '비주얼'이다.

비주얼이 지배하는
이미지 시대

　지금 가장 활발한 소비층이라 할 수 있는 MZ세대, 즉 1980년대 초반부터 2000년대 초반에 태어난 밀레니얼 세대Millennial Generation 와 1995년 이후 태어난 Z세대Z Generation는 흔히 '이미지 세대'라 한다. 세상은 이미지로 정보를 전달하고 소통하는 경우가 빠르게 늘고 있다. 사실 글보다는 그림이, 그림보다는 동영상이 훨씬 많은 정보를 쉽게 전달할 수 있기 때문이다.

　인터넷과 스마트폰의 보급, SNS의 일상화가 이런 변화를 가속화하고 있다. 지금은 초등학생들도 대부분 스마트폰을 가지고 다닌다. 스마트폰에는 카메라가 내장돼 있고 어디서든 무선 인터넷을 사용할 수 있기에 사람들은 수시로 사진이나 동영상을 촬영해 SNS를 통해서 서로 공유한다. 음식점에서, 여행지에서 사진을 찍어 SNS에 올리는 모습은 이제 익숙한 풍경이 됐다. 그런 삶이 일상이자 습관이 된 사람이 적지 않다. 예전에는 누군가의 소식을 알고 싶으면 전화 통화나 메시지를 이용했지만, 요즘에는 SNS에 올라온 사진을 통해 그 사람의 일상을 쉽게 알 수 있다. 굳이 소식을 묻거나 전화하지 않아도 된다.

텍스트 시대에서 이미지 시대로 바뀌었다는 증거는 또 있다. 불과 10여 년 전만 해도 당장 궁금한 일이 있으면 사람들은 인터넷 검색창에 검색을 했다. 그리고 대부분은 텍스트를 통해 궁금증을 해결했다. 하지만 요즘은 유튜브나 인스타그램에서 검색하는 사람이 훨씬 많다. 요리 레시피 하나를 보더라도 블로그에 올라온 사진과 글을 통해 보던 시절을 지나 이제는 영상으로 정보를 얻는다. 참고로 대표적인 SNS인 인스타그램과 페이스북에 하루에 올라오는 사진이 5억 장이 넘고, 유튜브에 하루 동안 올라오는 영상의 총 합은 72만 시간이 넘는다고 한다. 유튜브는 한국인이 가장 많이 사용하는 앱이기도 한데, 하루 사용 시간(10세 이상)이 무려 622억 분이다. 다음으로 많이 사용하는 앱이 '카카오(하루 265억 분)', 그다음이 '네이버(하루 190억 분)'로 알려져 있다(출처 JTBC).

상황이 이렇다 보니 음식점을 하더라도 전에는 음식 맛에 승부를 걸었다면 이제는 그에 못지않게 음식의 비주얼과 식당 공간의 인테리어에 신경을 쓴다. 손님들이 가게 내에서 '인증샷'을 남기고 음식 사진을 찍어 공유하고 싶도록 만드는 데 주력한다. 그래야 가게가 홍보되기 때문이다. 사람들을 가게로 끌어들이기 위해 매력적인 비주얼의 힘이 절대적으로 중요해졌다.

비주얼에 신경을 쓴다는 뜻이 꼭 화려하고 세련된 비주얼을 의미하는 것은 아니다. 때로는 투박하고 촌스러워 보이는 비주얼이 오히려 사람의 마음을 움직이기도 한다. 중요한 것은 '사람의 감성을 자극하는' 비주얼이어야 한다는 것이다.

프리젠트 사옥 옆에는 오래된 오리요리 식당이 하나 있다. 70년 이상은 족히 됨직한 건물이다. 누군가는 낡았다고 눈살을 찌푸릴 수도 있지만, 어떤 사람들의 눈에는 세월이 선물한 아름다움을 간직한 건물일 수 있다. 나는 프리젠트와 그 식당 사이를 가로지르는 낮은 담벼락을 매우 좋아한다. 수십 년의 세월이 만들어낸 고풍스럽고 자연스러운, 인위적으로 만들어낼 수 없는 맛이 있는 담벼락이다. 그야말로 자연이 만들어낸 디자인이라 할 수 있다. 특히 담벼락을 자연스럽게 뒤덮은 담쟁이덩굴을 보고 있으면 사계절의 맛을 한껏 느낄 수 있다. 여름이면 짙푸른 초록이 눈을 편하게 해주고, 가을이면 붉은 낙엽으로 변해 정취를 자아낸다. 겨울에는 잎을 모두 떨구고 앙상한 줄기들이 실핏줄처럼 벽을 휘감는데, 나름 고독한 운치가 있다. 그리고 다시 봄이 되면 은은한 향기를 풍기는 꽃들과 함께 연녹색 풀잎이 절로 생기를 내뿜는다.

오랜 세월의 역사를 담고 있는 프리젠트 앞 블록담장과 프리젠트 디자이너들

📷 사진출처 강범규

　　세상은 점점 비주얼이 지배하는 시대로 바뀌어가고 있다. 그리고 비주얼은 사람의 감성을 자극한다. 하지만 사람의 감성에 정답이 없듯이 비주얼에도 정답은 없다. 같은 비주얼을 보고도 어떤 사람은 감동하고 어떤 사람은 감흥이 없다. 그리고 감동을 받았다 하더라고 그 감동의 크기는 또 사람마다 다르다. 여기서 중요한 포인

트는 사람들이 점점 비주얼을 중요시하고 있다는 사실이다. 나아가 내가 하고자 하는 일에서 비주얼을 어떻게 활용하여 사람들의 감성을 자극할 것인지를 계속해서 고민해봐야 한다.

때로는 비주얼이
본질을 이기기도 한다

앞에서 말했듯이 '본질'을 통해 경쟁자를 압도할 수 있다면 그보다 강력한 무기도 없다. 하지만 이미 수십 년 그 일을 하고 있는 사람들보다 본질적으로 그 일을 잘해내기란 어쩌면 기적 같은 일이기도 하다. 그래서 본질을 통한 차별화하기란 결코 쉽지 않다. 그 물건이 존재 이유인 기본적 기능을 어느 정도 갖췄다면 선택을 해야 한다. 끝까지 본질을 파고들어 제품 본연의 역할을 가장 잘할 수 있는 최상의 제품을 만들어낼 것인가, 아니면 본질적 기능 이외의 다른 차별화 요소의 경쟁력을 갖출 것인가. 각자 장단점이 있다. 전자의 경우 일단 성공한다면 경쟁자들을 순식간에 압도하고 가장 강력한 경쟁력을 확보하게 된다. 하지만 방금 이야기했듯이 일반적으로 오랜 시간 한 업종이나 제품에서 엄청난 노하우를 가지고 있는 선두 제품보다 후발 제품이 본질적인 가치를 높여서 성공하는 경우는 매우 드물다. 후자는 어떨까? 상대적으로 차별화하기도 쉽고 효과도 즉각 나타나며 실패할 확률도 상대적으로 적다. 물론 주의할 점이 있다. 이 경우에도 기본적으로 상당한 품질을 가지고 사용자들의 만족을 줄 수 있는 제품이어야 한다.

이때 본질 이외의 차별화 요소로 가장 효과적인 방법이 바로 비주얼을 통한 차별화다. 품질이나 능력을 갖춘 후에도 여기에 차별화된 컨셉과 비주얼이 뒷받침되면 더 큰 성공을 거둘 수 있다. 카페만 보더라도 그렇다. 커피가 사람들의 일상에 스며들기 시작하면서 우후죽순처럼 생겨나는 카페 중 정작 커피 맛만으로 성공을 거둔 곳은 손에 꼽을 정도다.

실제로 사람들은 커피 맛을 잘 구분해내지 못한다. 맥도널드와 스타벅스 등 몇몇 프렌차이즈 기업 커피들로 진행한 실험만 보더라도 알 수 있다. 어느 회사 커피인지를 알려주지 않은 채 진행한 블라인드 테스트 결과, 가장 많은 사람이 최고의 커피로 꼽은 것은 맥도널드 커피였다고 한다. 심지어 당시 블라인드 테스트가 아니라 두 곳의 커피를 직접 비교한 커피 전문가들조차 맥도널드의 커피가 더 싸고 맛있다고 평했다.

그럼에도 불구하고 사람들은 커피를 마시기 위해 맥도널드가 아니라 스타벅스를 찾는다. 맛과 가격 이외의 다른 이유가 있는 것이다. 그 이유들에 대해 설명하자면 책 한 권으로도 부족할 것이다. 스타벅스의 성공 요인을 분석한 책만 해도 수십 권이니까. 여기서 짚고 넘어갈 것은, 스타벅스가 커피 맛에서도 좋은 평을 받고 있긴 하지만 그것만으로 성공한 회사는 아니라는 점이다. 스타벅스보다 커피 맛에서 좋은 평가를 받은 곳은 있어도 가장 성공한 커피 전문점은 스타벅스라는 사실은 누구나 알고 있지 않은가.

카페 중에는 커피 값이 매우 비싸고 커피 맛에서는 좋은 평가를 받지 못하고 있는데도 항상 사람들로 붐비는 곳들이 있다. 당연히 커피 맛이나 가격 이외의 차별화 요소가 있기 때문이다. 요즘은 주로 '인스타 감성'에 딱 들어맞는 카페들이 그렇다.

지금 시중에서 판매되고 있는 많은 제품이나 상품들의 품질이 대부분 상향 평준화된 점을 주목할 필요가 있다. 사실 사람들은 품질이 일정 수준을 넘어서면 품질 개선만으로는 별다른 만족을 느끼지 못한다. 면도기가 그 좋은 예다. 예전에 2중날 1회용 면도기를 사용하던 시대에서 이제는 6중날로도 부족해 뒷면에 별도의 날이 달린 제품도 나왔고, 심지어 전동 기능까지 추가됐다. 하지만 주위를 보면 5중 면도날 제품을 사용하는 사람이 많다. 이는 '이 정도면 기능은 충분히 만족한다'는 의미다. 이쯤 되고 보면 본질이랄 수 있는 제품의 기본적 기능 이외의 요소가 선택의 중요한 기준이 되고, 심지어는 본질을 앞서기도 한다.

스마트폰만 보더라도 온갖 새로운 기능이 추가된 신제품이 출시되지만, 그때마다 사람들은 "이번에 XX에서 나온 폰 예쁘더라, 그리고 이런 기능이 있어"라고 이야기하지, 누구도 "이번에 나온 폰

통화 품질이 아주 좋아"라고 이야기하지 않는다. 이들에게 스마트 폰의 최우선 선택 요소는 비주얼 디자인과 새롭게 추가된 기능이다. 이렇듯 비주얼은 때때로 본질을 뛰어넘기도 한다. 그리고 비주얼을 잘 다루고, 새로운 이미지를 잘 만들 수 있는 능력을 가진 사람이 바로 디자이너다.

디자인과 건축계에 엄청난 업적과 발자취를 남긴 이탈리아의 디자이너이자 건축가였던 알레산드로 멘디니Alessandro Mendini, 1931-2019 의 작품이야말로 비주얼이 본질을 뛰어넘었던 대표적인 사례다. 특히 그중에도 가장 유명한 것이 바로 와인오프너인 안나GAnna G 시리즈다.

여자친구가 기지개 켜는 모습을 보고 만들었다 하기도 하고, 발레리나의 모습에서 아이디어를 얻었다고도 하는 이 와인오프너는

알레산드로 멘디니가
디자인한 와인오프너
안나 G 시리즈
ⓘ 사진출처 김고은

라면집도
디자이너가 하면 다르다

1990년대 초 첫 출시 이후 30여 년간 1천만 개 이상 판매된 것으로 알려져 있다. 안나G가 전 세계적으로 이토록 인기를 끈 이유는 매우 간단하다. 아름답고 재미있는 디자인 덕분이다. 특별히 다른 와인오프너보다 와인 병이 더 잘 따지는 것도, 사용이 편리한 것도, 가격이 싼 것도 아니다. 오히려 직접 써본 사람들 말로는 조금 불편하다고도 한다. 가격은 어지간한 와인오프너의 몇 배에 이른다. 와인오프너는 1만 원 안쪽으로도 구입 가능한 제품이 많은데, 안나G 시리즈 중에는 10만 원을 훌쩍 넘기는 것도 있다. 단지 아름답다는 이유 하나만으로 거둔 성공이다.

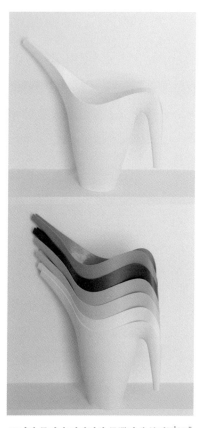

이케아IKEA에서 판매 중인 물뿌리개Watering Can 볼뢰VÅLLÖ 시리즈 역시 심플하면서도 아름다운 디자인으로 엄청난 인기를 끌고 있다. 네덜란드의 유명한 디자이너 모니카 퓰더Monika

모니카 퓰더가 디자인한 물뿌리개 볼뢰VÅLLÖ
🅾 사진출처 김고은

Mulder의 디자인으로, 가격도 저렴해서 전 세계인의 사랑을 꾸준히 받고 있다.

비단 알레산드로 멘디니와 모니카 뮬더 같은 세계적인 디자이너가 아니더라도 제품의 본질적 기능보다는 아름다운 비주얼을 통해 엄청난 경쟁력을 만들어낸 사례는 많다.

제자 전지현이 있다. 그녀는 대학 졸업 후 바로 프리젠트의 그래픽 디자이너로 일했던 직원이기도 했다. 지현이는 디자이너로서 감각이 매우 뛰어났는데, 몇 년간 프리젠트에서 일하다가 어느 날 퇴사를 하겠다고 했다. 늘 밝게 일하고 감각이 좋은 디자이너였기 때문에 붙잡고 싶었지만, 하고 싶은 일이 생겼다는 말에 앞길을 축복하고 응원해주기로 했다.

지현이는 퇴사 후 케이크 가게를 차렸다. 레터링 케이크란, 케이크에 고객이 원하는 메시지를 쓰거나 그림을 그려주는 것이다. 참고로 지현이는 그때까지 제빵을 배운 적도, 장사를 해본 적도 없었다. 그럼에도 점점 경쟁이 치열해지고 있는 레터링 케이크 시장에서 뛰어들어 성공적으로 사업을 해나가고 있다. 김해에서 부산까지 찾아오는 손님도 있었고, 심지어 내 지인 중에는 서울에서 부산 출장을 오는 날짜에 맞춰 케이크를 주문해 들고 가기도 했다. 지금은 '먼스커피'로 상호를 변경해 남편과 함께 카페까지 겸하고 있는데, 소위 '인스타 감성'으로 입소문이 퍼지면서 확실하게 자리를 잡았다.

창업 초기에 가장 인기가 많은 '터치' 케이크

장사를 해본 적도 그리고 빵을 만들어본 적도 없는 지현이가 케이크 가게로 성공할 수 있었던 이유는 뭘까? 나는 먼스 커피(창업 당시 '미모사 케이크')의 인스타그램에 들어간 순간 그 이유를 단박에 알 수 있었다. 지현이는 레터링 케이크를 처음 발명한 사람도 아니고 이미 커지고 있던 시장에 뛰어든 후발주자였지만, 그녀의 '디자인 감각'이 달랐다. 디자이너로서의 경험과 감각이 레터링 케이크에도 고스란히 담긴 것이다.

　　나는 지현이가 만든 케이크를 디자인이 잘된 '아트 케이크'라 부르고 싶다. 단순히 그림을 잘 그린다는 의미가 아니다. 다른 가게의 레터링 케이크들과 달리 지현이가 그래픽 디자인한 먼스 커피의 케이크는 자유롭고 창의적인 작품이다. 보통의 레터링 케이크들이 원형 또는 반듯한 사각형을 기본으로 글자와 그림 같은 '장식을 더하는' 경우가 많은데, 먼스 커피의 케이크에서는 장식의 형태가 회화적이고 세련된 감각이 느껴진다.

　　이는 컨셉과 비주얼의 힘, 즉 디자인의 힘이다. 축하 메시지 하나에도 단순히 '생일 축하해'가 아니라 '~는 좋겠다. XX가 여자친구라서' 같은 유머가 가득 담겨 있다.

　　하지만 먼스 커피의 레터링 케이크가 진정으로 '차별화'되는 부분은 전체적인 조형 디자인과 색감이다. 특히 인기가 많은 '터치 케이크'는 붓 터치를 한 것 같은 독특한 형태와 색감이 조화를 이루는데, 이런 색채 감각이야말로 디자이너로서의 강점이 십분 발휘된 것이다.

또한 최근에는 인터넷으로 먼스 커피의 원두를 판매하기 시작했는데, 여기서도 지현이의 그래픽 디자인 역량이 십분 발휘됐다. 세련되고 모던한 그래픽 디자인 덕에 먼스 커피의 품격이 한 단계 올라간 느낌이 들 정도다.

이제 어설픈 디자인, 시대에 뒤처지는 디자인은 설 자리가 없다. 사람들이 영화나 드라마, 유튜브 등을 통해 수준 높은 수많은 시각적인 정보를 얻으면서 눈높이가 상향평준화되고 있기 때문이다. 그럴수록 감각적인 비주얼의 중요성은 점점 커지고 있고 앞으로도 그럴 것이다. 그렇기에 비주얼을 무시하고 단순히 기능과 편리성만을 내세워서는 버텨내기 힘들다. 오히려 비주얼이 본질을 압도하는 일이 점점 늘고 있는 시대니 말이다.

적은 돈으로도
큰 경쟁력을 갖게 하는
디자이너의 안목

디자이너가 아니더라도 디자인을 활용하는 능력은 필요하다. 특히 사업을 하려는 사람이라면 디자이너의 안목을 갖춰야 한다. 경영은 '최소의 비용으로 최대의 이익을 내려는 활동'이고, 디자인이야말로 투자대비 효과가 가장 좋은 요소다

제대로 된 디자이너라면 디자인 과정에서 절대로 '비용' 문제를 놓치지 않는다. 보다 적은 비용으로 어떻게 좋은 결과물을 만들어낼지, 비용이 정해져 있다면 그 안에서 어떻게 최대의 효과를 낼 것인지 끊임없이 고민한다. 또한 '현실'과 '이상', 즉 비용과 자신이 원하는 디자인 사이에서 균형을 잡아야만 한다. 의상 디자이너라면 같은 질감과 컬러를 유지하면서도 더 저렴한 옷감은 없는지 고민한다. 인테리어 디자이너라면 비용을 최소화하면서도 편리하고 아름다운 공간을 만들기 위해 고민한다. 그게 디자이너고, 디자이너의 일이다. 그렇기에 디자이너와 같은 '안목'을 갖출 수 있

다면 더 적은 비용으로 큰 효과를 볼 수 있다.

특히 이런 안목은 컨셉과 차별화 측면에서 더더욱 중요하다. SNS와 여러 채널을 통해 보다 많은 정보를 보다 쉽게 접할 수 있게 되면서 전체적인 디자인과 인테리어 수준은 상향평준화되고 있다. 하지만 그럴수록 오히려 자신만의 컨셉도, 차별화도 어려워지고 있다. 더 많은 것을 접해 디자인 감각을 기르기도, 여러 소품과 상품을 구하기 쉬워졌는데 어째서 차별화가 어려워진 걸까? 결국 경쟁자들도 같은 채널에서 같은 것을 보고 같은 것을 구매하다 보니 '어디서 본 듯한' 디자인에서 벗어나기 힘들어진 것이다. 그렇다 보니 차별화에 성공하면 더 많은 사랑을 받는다. 무조건 예쁘고 세련된 것보다 다소 부족해 보이더라도 특색 있는 것을 찾는다. 말 그대로 차별화다.

그러나 남들과 다른 새로운 컨셉을 찾기도 힘들지만, 찾아냈다 하더라도 그 컨셉을 구현하는 과정은 더욱 어렵다. 어떻게든 새롭게 컨셉을 생각해냈다 해도 이를 실현하려다 보면 비용이 눈덩이처럼 불어나기 일쑤다. 이때 돈이 충분하다면 별문제가 아닐 수도 있다. 하지만 돈이 충분하지 않은 경우가 대부분이고, 만약 충분하다 하더라도 비용은 줄일 수 있다면 줄이는 것이 답이다. 그러니 돈은 '편한' 해결책일지는 몰라도 '최선의' 해결책은 아니다.

부산 해운대에는 소위 '해리단길'이라는 곳이 있다. 여기에는 최근 몇 년 사이에 핫한 레스토랑과 커피숍이 즐비하게 들어섰는데, 그 안 깊숙한 곳에 이탈리안 레스토랑 '비토VITO'가 있다.

비토가 내세우는 컨셉은 '가내수공업 양식당'이다. 가내수공업 이라는 말이 주는 느낌 그대로 이곳의 오너인 김상진 셰프는 텃밭 에서 직접 기른 재료를 사용하고, 파스타 면 역시 직접 만든다. 게다 가 주택 내부를 개조해 만든 인테리어는 가정집 같은 느낌이 드는 데, 이 또한 '가내수공업'이라는 컨셉과 잘 맞아떨어진다.

이곳의 인테리어는 심플하고 미니멀하다. 나는 오래전부터 전 세계의 다양하고도 훌륭한 디자인을 접해왔지만, 비토의 잘 정제 된 실내 디자인은 어느 디자인 잡지에 실려도 손색이 없을 것이다. 일반적으로 너무 많은 컬러를 사용하면 오히려 촌스럽게 보일 수 있고, 한 가지 색상만 사용하면 단조로워 보이기 쉽다. 그러나 비 토는 내부를 하얀색 페인트로만 칠해두었는데도 단조롭다는 느낌 이 들지 않는다. 특히 입구에 들어서자마자 보이는 커다란 바닥과 네모반듯한 콘크리트 진열대도 인상적이다. 진열대 윗면은 독특하 게도 표면이 울퉁불퉁하고, 그 진열대와 똑같은 크기로 천정에서 부터 내려온 하얀 콘크리트 조명은 진열된 상품을 한껏 돋보이게 해준다. 그리고 진열대 상부를 거친 콘크리트가 깨어진 상태 그대 로 했고, 그 위에 세련된 디자인의 비트상품을 전시해놓은 것도 인 상적이었다.

위_ 음식을 만드는 비토의 대표 ⓘ 사진출처 비토

아래_ 콘크리트를 그대로 활용한 진열대와 벽면 돌출부에 진열된 소품 ⓘ 사진출처 강범규

요즘 소위 '맛집'으로 알려진 식당도 많고 그중 상당수가 진짜 입소문으로 알려졌다기보다는 광고인 경우가 많다. 비토는 기본적으로 음식 맛이 뛰어나다. 그리고 비토가 성공을 거둔 데는 차별화된 컨셉도 큰 역할을 했다. 가내수공업 양식장이라는 컨셉부터가 명확한 차별화 요소다. 정겨움과 함께 건강한 음식일 것이라는 신뢰감을 주는 컨셉이다. 게다가 오픈키친에서 셰프가 정성스럽게 요리하는 모습은 '장인정신'의 이미지를 음식을 먹으러 온 손님에게 그대로 전달한다. 뛰어난 셰프가 요리하는 모습은 그 자체로 하나의 공연을 보는 것처럼 즐거울 뿐만 아니라 청결함에 대한 신뢰까지 준다. 심지어 가게 메뉴판 앞에 새겨진 'eat better, life better'라는 슬로건 역시 멋지지 않은가? 그리고 이 슬로건은 이 가게의 컨셉을 더욱 선명하게 보여준다. 내 눈에는 '잘 먹고, 잘 살자'로 보였는데, 행복을 추구하는 삶에 있어서 이보다 중요한 가치도 없을 것이다.

내가 비토를 주목한 이유는 인테리어가 이토록 뛰어남에도 불구하고 인테리어 자체에 큰돈을 들이지는 않았다는 것이다. 주택을 개조하면서 뚫은 벽을 돈을 들여 깔끔하게 마감하기보다는 거친 벽면을 그대로 노출해 오히려 자연스러운 멋을 낸 것도 인상적이다.

또한, 비토는 오로지 인스타그램을 통한 예약제로만 운영이 된다. 전화 예약도 불가능하다. 그러니 예약을 하려면 비토의 인스타그램에 접속해야만 하는데, 이때 자연스럽게 그 아름다운 인테리어와 보는 것만으로도 군침이 도는 음식 사진을 '보게' 된다. 예약 시점부터 이미 그 비주얼을 통해 손님들의 감성을 자극하는 것이다.

비토는 이처럼 '차별화된 컨셉'을 통해 입소문을 타면서 별다른 홍보는커녕 제대로 된 간판조차 없음에도 핫플레이스로 떠올랐다. 음식 맛만 뛰어나다고 될 일이 아니다.

디자이너 사용법

나는 디자이너들에게 과연 '자격증'이 의미가 있는지 항상 의구심을 품어왔다. 디자인 과정은 설명하기 어려운 창작의 과정이다. 아이디어 창출 과정은 더욱 설명하기 어려워 '블랙박스'에 비유하기도 한다. 마치 발명가의 활동과 비슷하다. 그런데 어떤 시험을 통해 합격한 사람에게 '발명 자격증'을 준다면, 이건 위험한 발상 아닐까?

마찬가지다. 디자이너에게 자격증을 준다는 것은 아이러니다. 그럼에도 많은 디자이너가 컬러리스트Colorist 등의 자격증에 목을 매고, 기업에서 디자이너를 채용할 때나 일반적인 사람들은 이런 자격증 유무로 디자이너를 평가하기도 한다. 하지만 디자이너가 받을 수 있는 여러 가지 자격증은 그 분야에 어느 정도 지식이 있음을 알려주는 정도라고 봐야 한다. 이를테면 컬러리스트 자격증은 컬러에 대해 '지식'이 조금 더 많다는 뜻일 뿐, 그 사람의 디자인 '감각' 까지 보증해주지는 않는다.

어쩌면 "그래서 디자이너와 같은 감각을 키우기 위해 공부를 하라는 거야 아니면 할 필요가 없다는 거야?" 이런 질문을 내게 할지 모르겠다.

결론부터 말하자면, 공부해야 한다. 하지만 정형화된, 직업 디자이너들이 정규 교육 과정에서 밟는 교육을 그대로 할 필요는 없다. 쉽게 말해 많이 보고, 많이 듣고, 많이 고민해야 한다. 디자이너와 같은 '감각' 나아가 '안목'을 가지는 것이 중요하다. 디자이너들이 취득하는 자격증을 딸 필요도, 디자인 작업에 필요한 컴퓨터 프로그램을 능수능란하게 다룰 필요도, 디자인 도면을 디테일하게 그려낼 필요도 없다. 그런 부분은 전문가의 영역이다. 그런 전문가를 찾아내고, 그들을 통해서 '내가 원하는 것을 원하는 대로 시각화할 수 있도록' 하면 된다. 필요한 것은 남들보다 앞선 안목과 능력이다. 즉, 반드시 전문적인 디자인 공부를 해야 하는 것도 아니지만, 디자이너처럼 생각할 수 있어야 한다. 이것을 '디자인 싱킹design thinking'이라고 한다. 최근에 경영이나 공학 등 여러 분야에서 디자이너의 생각하는 법을 배우려는 움직임이 활발하다. 우리는 이런 디자인 안목을 갖추고 디자이너가 하는 방법으로 문제해결을 해볼 필요가 있다.

한편으로 디자이너가 디자인 안목과 감각이 없고, 디자이너보다 자신을 더 신뢰하는 디자인 클라이언트를 만나가는 것은 최악의 시나리오다. 이런 클라이언트는 컬러에 대한 감각이 없으니 디자이너의 반대 의견도 무시한 채 전혀 어울리지 않는 색상 조합을 요구하고, 막상 그대로 디자인을 해가면 직접 본 후에야 그게 아니라는 걸 안다. 그럼 디자이너는 다시 작업을 해야 한다. 형태에 있어서도 유려한 곡선이 어울릴 곳을 자로 잰 것처럼 반듯한 디자인을 요구하기도 한다. 물론 이때도 디자이너의 의견은 묵살되기 일쑤다. 그리고 거의 열이면 열, 백이면 백, 자신의 요구에 따라 작업한 디자인 결과물을 본 고객은 실망한다. 결국 디자이너는 다시 작업을 해야 하고, 이 과정에서 불필요한 시간과 에너지가 엄청나게 소모된다. 일정이 촉박하기라도 하면 충분히 생각할 시간을 갖지 못한 채 작업을 해야 하고, 대부분은 고객도 디자이너도 만족하지 못하는 디자인이 나온다. 다행히 나는 이런 클라이언트를 만난 적은 없는 행운이었다. 반면 디자인 감각이 뛰어난 의뢰인과 일할 때면 항상 일이 수월했고, 즐거웠으며, 결과물도 흡족하게 나왔다. 대화가 통하기에 요구사항이 좀 더 명확해지고, 피해야 할 디자인을 고집하지 않으니 시간과 에너지 낭비가 없었다. 이런 경우는 대화를 나누는 과정에서 디자이너가 영감을 얻기도 한다.

정리하자면 이렇다. 전문가, 즉 디자이너를 '제대로' 활용하기 위해서라도 디자인 감각과 안목을 키울 필요가 있다. 시간과 비용, 에너지의 낭비도 막고, 디자이너들이 제안한 여러 아이디어 중 최선의 디자인을 선택할 수 있으려면 디자인 감각과 안목을 가져야 한다는 것이다.

이런 디자인 감각과 안목을 가진 대표적인 인물이 애플의 창시자 스티브 잡스다.

잡스는 디자인의 힘을 누구보다도 잘 아는 사람이다. 아이폰의 성공 뒤에는 이러한 스티브 잡스의 디자인에 대한 집요함과 철학이 있었다. 익히 알려진 대로 아이폰이 처음 출시됐을 당시 전면에 홈 버튼만 남겨두고 나머지는 단말기의 측면으로 숨긴 것은 스티브 잡스가 '심플함'을 강조한 결과였다. 심지어 홈 버튼마저 없애고 싶어 했다는 것도 유명한 이야기다. 우리가 익히 알고 있는 아이폰의 디자인이 나오기까지 스티브 잡스는 수도 없이 디자이너들을 괴롭혔다고 한다. 이는 스티브 잡스가 디자인의 중요성을 누구보다도 잘 알고 있었기 때문으로, 그 결과는 우리 모두 알고 있다

여기서 중요한 사실 하나. 알다시피 스티브 잡스는 디자이너가 아니었다. 그러나 디자인의 힘을 누구보다 잘 알고 있었다. 그래서 자

애플의 심플함이
느껴지는 맥북
ⓘ 사진출처 unplash

신의 철학에 맞는 제품 디자인을 위해 어떤 희생도 불사했던 것이다.

　이런 이야기를 할 때면 많은 사람이 "스티브 잡스는 우리와 다른 사람이잖아요"라는 반응이 나오곤 한다. 그럴 수도 있다. 누구나 스티브 잡스처럼 세상을 바꾸는 혁신가가 될 수는 없으니까. 하지만 이것은 한 시대를 대표하는 혁신가만의 생각은 아니다. 우리 주위에 디자인의 힘과 중요성을 알고, 본인의 사업이나 제품개발에 있어서 디자인을 최우선 고려 요소로 생각하는 사람들이 늘고 있다. 대학 교수였던 내게 사업 관련해 컨설팅을 문의하고 후에는 같이 사업할 것을 제안해 나를 본격적인 사업가의 길에 들어서게 한 해피콜 창업자인 이현삼 회장도 그 자신은 디자이너가 아니었다. 하지만, 디자인의 중요성을 너무나 잘 알고, 디자인을 전략적 수단으로 사용해서 주방용품 제조 사업 시작 10년 만에 국내 주방용품 제조판매 1위 기업을 만들어낸 대표적인 인물이다.

　디자이너의 안목과 센스가 단순히 매장 인테리어나 제품 디자인에만 국한되는 것은 아니다. 때로는 예상치 못했던 분야에서 예상치 못했던 부분까지 디자이너의 도움을 받기도 한다. 좋은 디자이너는 단순히 제품 하나, 매장 인테리어 하나만 신경 쓰지 않기 때문이다. 디자이너는 컨셉 메이커가 되어야 하고, 경영자는 그런 디자이너의 의견에도 기꺼이 귀를 열 수 있어야 한다.

　강원도 양구에는 '애플카인드Applekind'라는 유기농 사과 농장이

Applekind
애플카인드

우리의 목표는 세상에서 가장 순수하고, 맛있고 가장 행복한 사과를 만드는 것입니다.
이 말은 곧 정직한 방법으로 농사를 짓겠다는 뜻입니다.
일테면 더 빠르고 더 많은 생산량을 위해 작물보호제나 화학적인 농법을
남용하지 않겠다는 다짐이기도 합니다.

그리하여 50개의 평범한 사과보다는 하나의 놀라운 사과를 만들고자 합니다.

세상에서 가장 놀라운 사과를 만들기 위해 우리가 무엇을 어떻게 해야 하는 줄 잘 알고 있습니다.
애플카인드 식구들은 그 길을 천천히, 그리고 신중하게 걸어나갈 겁니다.

다른 농장들과는 확연히 다른 애플카인드 홈페이지 메인 화면
사진출처 애플카인드 공식사이트

있다. 보통의 사과 농장과 달리 애플카인드는 온라인으로 사과와 주스, 사과칩까지 직접 판매한다.

애플카인드의 김철호 대표와 그의 아내인 김경희 고문을 만난 것은 오스트리아 여행 때였다. 두 분은 30여 년간 성공적으로 학원 사업을 해왔으나 너무 바쁜 생활에 지쳐서 새로운 삶을 찾고자 결심하고 시작한 일이 사과 농사였다.

애플카인드는 여러 면에서 기존의 사과 농장과는 다르다. 친환경 사과를 만들기 위해 화학비료는 아예 사용을 하지 않는다. 오로

지 쌀겨와 효소, 깻묵, 우드칩 등을 배합한 원료를 발효시켜 만든 숙성된 퇴비만을 사용하고 있다. 나는 농장을 몇 군데 방문해본 적이 있는데, 퇴비를 만드는 곳에서는 항상 지독한 냄새가 코를 찔렀다. 하지만 놀랍게도 애플카인드는 아무런 냄새도 나지 않았다. 심지어 퇴비 만드는 곳이 있는 농장 입구 쪽에, 그것도 축구장 규모로 있는데도 말이다. 직접 손으로 퇴비를 코로 가져가 맡아보아도 아무런 냄새가 없었다. 김철호 대표는 천연 퇴비가 숙성됐기 때문이라고 했다.

나는 그때 애플카인드에서 한 입 베어 문 사과의 맛을 잊을 수 없다. 그야말로 꿀맛이었다. 과즙의 당도가 높으면서도 설탕과 달리 인공적이지 않은 달콤함이 일품이었다. 화학비료를 사용하지 않으니 건강에도 좋을 것이다.

물론 애플카인드 외에도 화학비료를 사용하지 않는 친환경 농장은 많다. 하지만 애플카인드가 뭔가 다르다는 것은 홈페이지에만 들어가봐도 알 수 있다. 우선 홈페이지 메인 화면의 '50개의 평범한 사과보다는 하나의 놀라운 사과를 만들고자 합니다'라는 문구로 자신들의 철학과 목표를 분명히 하고 있다.

보통 과수원이나 농장은 홈페이지가 아예 없고, 있다 해도 블로그 형태로 운영하는 곳이 많다. 대부분 메인 화면은 좋지 않은 화질의 카메라로 아마추어가 찍은 듯한 사진 몇 장이 전부인 데다가 사용자보다는 운영자 입장에서 관리하기 편하게 구성되어 있다. 그야말로 '촌스럽고 천편일률적인' 구성이다. 중요한 메시지는 항상 글을 통해 전달하려 하지만, 접속하는 순간 마음이 떠나기 일쑤라서 둘러볼 마음조차 생기지 않는 경우가 많다.

반면 애플카인드의 홈페이지는 전문가의 솜씨로 잘 꾸며졌다는 것을 '보는 순간' 알 수 있다. 친근하면서도 세련된 이미지의 로고와 수묵화 같은 배경이 따뜻한 느낌을 준다. 화면 위로는 아기자기한 벌과 나비가 날아다녀 생기가 느껴진다. 굳이 '화학비료는 사용하지 않습니다'라는 문구를 넣지 않더라도 '친환경 농장'임이 이미지를 통해서 그대로 느껴졌다. 마치 접속자에게 강요하듯 사진과 문구로 도배가 된 보통의 농장 홈페이지와 달리, 기업 철학은 그저 부연 설명처럼 짤막하게 담겨 있다. 읽지 않아도 이미 접속한 순간 '비주얼을 통해' 평범한 농장이 아님을 쉽게 알게 해준 성공한 디자인이다.

이런 모습은 사과 상자와 사과칩 봉투, 주스 병 등의 패키지 디자인에도 그대로 드러난다.

흔히 '사과 상자'라고 하면 하얀색 바탕에 특색 없는 사과 한 알이 큼지막하게 그려져 있고, 한쪽에는 생산지를 비롯한 정보가 담긴 표가 하나 있는 게 전부다. 하지만 애플카인드의 사과 상자는 컬러부터 다르고, 전체적인 형태도 단순한 '네모 디자인'에서 벗어나 있다. 또한 친근하면서도 세련된 그림이 눈길을 사로잡는다.

무조건 친근하고 세련된 홈페이지와 패키지 디자인을 해야 한다는 이야기를 하려는 것이 아니다. 디자인은 단순히 '더 예쁘게' 만드는 게 아니라 기업의 철학과 상품의 컨셉을 표현하는 것임을 알아야 한다. 나아가 이를 위해 과감한 투자도 할 필요가 있다.

김철호 대표는 애플카인드 설립 당시 CI Corporate Identity 디자인 비용으로 무려 3억 원을 사용했다. 어지간한 대기업도 CI 디자인에 이 정도 돈을 쓰는 경우는 많지 않다. 액수보다 놀라운 것은 이런 디자인을 해내기 위해 김철호 대표가 쏟은 시간과 노력이다.

처음에는 국내 여러 디자인 회사들을 찾아다녔다고 한다. 하지만 농산물 생산 기업을 위한 디자인 작업을 해본 디자인 회사가 없었다. 어쩌면 당연한지도 모른다. 농산업 종사자 대부분은 최종 소비자가 아닌 중간유통자만을 상대하니 브랜드 이미지 구축에 신경 쓰기보다는 사과의 품질과 가격에 신경을 쓰지 않겠는가. 여러 회사를 만나 상담했지만, 매번 무언가 부족함을 느꼈다고 한다.

그러던 차에 국제 전시회장에 갔다가 우연히 마음에 드는 디자인 작업물을 보게 된 김철호 대표는 그 회사를 수소문해서 알아냈고, 디자인을 의뢰했다. 그런데 영국에 있는 이 디자인 회사에서는 김철호 대표의 농장 규모를 보고 의뢰를 거절했다고 한다. 그럼에도 디자인의 힘을 믿었던 김철호 대표는 삼고초려도 마다치 않았

애플카인드에서 판매 중인 상품들

사진출처 애플카인드 공식사이트

고, 거액의 비용(3억 원)을 제안하면서까지 결국 그 회사에 디자인을 의뢰할 수 있었다. 결과는 이미 본 것과 같다.

나는 김철호 대표에게 3억 원이라는 거금이 아깝지 않았느냐고 물었다. 그때 김철호 대표는 웃으며 답했다.

"전혀요. 전혀 아깝지 않았어요. 매우 만족합니다. 그 회사를 만난 덕에 저는 사업을 해야 하는 이유와 철학을 정리할 수 있었거든요."

이어진 설명에 따르면, 이 디자인 회사는 디자인 작업에 착수하기 전에 가장 먼저 고객인 김철호 대표에게 몇 가지 중요한 질문을 던졌다고 한다.

"왜 사과 농장을 하는가?"

"당신의 기업이 어떻게 인식되기를 원하는가?"

단순히 회사와 브랜드의 이름을 정하고 디자인하는 데 그친 것이 아니라 앞으로 만들어갈 회사와 브랜드를 생각하게 했고, 나아가 목표를 명확하게 가지도록 도움을 주었던 것이다. 이렇게 명확한 목표와 추구하는 가치가 정해져야 그에 맞는 브랜드 이름을 정하고 그에 맞는 디자인 컨셉을 정할 수 있는 법이다.

이 철학과 목표에 맞춰 회사 이름과 방향이 정해졌고, 이에 따라 그래픽 디자인 작업이 이어졌다.

결국 많은 브랜드 이름의 후보안 중에서 최종적으로 '애플카이드'의 이름이 정해졌고, 김철호 대표의 철학을 녹여낸 캐주얼하고 자연을 그대로 닮은 빨간 사과 모양의 로고 디자인이 만들어졌다. 그리고 그 로고 디자인에 어울리는 패키지 디자인 등 다양한 어플리케이션 디자인이 순차적으로 완성되었다.

돌이켜보면, 김철호 대표는 제대로 된 디자인 회사를 찾았기에 멋진 디자인을 만들 수 있었을 뿐만 아니라 사업 전체의 방향과 컨셉까지 보다 분명하게 잡을 수 있었던 것이다.

다시 말하지만, 모두가 대학에서 디자인을 전공하거나, 전문 디자이너처럼 그림을 잘 그릴 필요도 없다. 중요한 건, 작은 장사를 하더라도 디자이너 같은 안목과 비주얼의 중요성을 분명히 인식하는 것이다.

낡은 것도
새롭게 보는
디자이너의
안목

03

왜 디자이너가 하면 라면집도 다를까?

디자인은 창의적인 작업이다. 하지만 "하늘 아래 새로운 것은 없다"는 말도 있듯이, 세상에 완전히 창의적인 것은 없다. 우리가 혁신적이라 부르는 것도 대부분은 이미 있던 것들을 재조합하거나 일부만을 바꾼 경우가 많다.

갈수록 많은 것들이 새로 생겨나고 있는 만큼, 기존에 있던 것들을 어떻게 재해석하고 어떻게 차별화를 할 것인지, 어떻게 새로운 가치를 발견하거나 더할 것인지가 중요하다. 그리고 바로 이런 일을 업으로 생각하고 하는 사람이 바로 디자이너다. 같은 것도 다르게 보고 다른 것들에서도 공통점을 찾아내 새롭게 조합해내는 것이 그들의 일이다.

기존의 '낡은 것들'조차 새롭게 볼 수 있는 '안목', 나아가 이를 창의적으로 '연결'시키는 능력은 무슨 업종의 일을 하건 강력한 무기가 된다. 디자이너는 낡은 것들에서 새롭게 해석하거나 낡은 것과 새것을 서로 조합하여 새로운 디자인을 해낸다.

장사를 한다면 이미 있는 것들을 서로 연결해 새로운 시장을 개척하는 행위와 같다. 이번 장에서는 디자이너가 어떻게 같은 것도 다르게 볼 수 있는지, 그런 안목을 가지려면 어떻게 해야 하는지, 이런 안목을 통해 어떻게 새로운 것을 만들어낼 수 있는지 이야기해보려 한다.

라면집도
디자이너가 하면 다르다

관심을 가지면 보이고,
많이 보면 안목이 생긴다

"학교 내에서 이루어지는 디자인 수업만으로 좋은 디자이너가 육성되지 않습니다."

제법 긴 시간 동안 교수라는 직함을 달고 대학 강단에 섰던 사람이 이런 말을 한다면 어떻게 받아들일지 모르겠지만, 나는 대학교수로 있으면서 늘 이렇게 말해왔다. 그렇다고 해서 대학에서의 디자인 교육과 수업이 아무런 의미가 없다는 말은 아니다. 단지 자격증이 디자이너의 감각까지 보증해주지 못하는 것처럼, 대학의 정규교육이 디자이너의 역량을 담보해주지는 않는다는 의미다. 국내 최고로 꼽히는 대학에서 디자인을 전공하고 수석으로 졸업했다고 해서 훌륭한 디자이너가 되지 않는다. 반대로 제대로 된 디자인 교육을 받지 못했다고 해서 좋은 디자이너가 될 수 없는 것도 아니다. 학교 수업에서 좋은 점수를 받는 것과 실제 디자이너로서의 활동은

저자의 디자인 대학원 수업하는 모습

다르다. 이는 내가 디자인학과 교수로서 수많은 학생들을 보고 느
낀 것이기도 하고, 디자인 회사의 대표로서 직접 디자이너를 뽑고
같이 일해본 결과이기도 하다.

　물론 직업인으로서의 디자이너가 되고자 한다면 디자인을 전공
하는 편이 훨씬 유리하다. 하지만 그게 아니라면, 그저 디자이너 같
은 안목을 갖추고 싶은 것뿐이라면 굳이 그럴 필요까지는 없다. 그
런 안목을 갖추는 방법만 안다면, 나머지는 얼마나 노력하느냐, 어
느 정도의 관심을 기울이느냐가 중요하다.

　내가 학생들에게 그리고 디자인 감각과 안목을 키우고
싶다는 사람들에게 추천하는 가장 좋은 방법은 '많이 보라'
는 것이다. 너무 뻔한 이야기일 수도 있지만, 많이 보는 것만큼 좋은 수업도 드물다. 실제로 글을 쓰는 세계적인 작가들은 하나같이 '양질의 글을 많이 읽은 것'이 큰 도움이 됐다고 말한다. 당연하게도, 보는 데서 그치지 않고 직접 해보기까지 한다면 더 좋을 것이다. 방금 말한 그 작가들 또한 '많이 써봐야 한다'는 것을 강조하지만 실제 글을 많이 써보는 것은 쉬운 일이 아니다. 반면 '많이 보는 것'은 관심을 가지고 조금만 노력한다면 누구나 할 수 있다. 이를 통해 준전문가 정도의 지식을 쌓는 사람도 많다. 특히 오늘날은 인터넷과 SNS 그리고 유튜브를 통해 예전보다 세계 도처에 깔려 있는 양질의 정보를 훨씬 쉽게 접할 수 있어 '정규 수업 없이 전문가'가 될 길이 활짝 열려 있다.

세계 4대 영화제 중 하나인 칸 영화제에서 황금종려상을 수상하기도 한 영화감독 쿠엔틴 타란티노는 감독이기 이전에 영화광으로 유명하다. 어린 시절, 그는 역시 영화 마니아였던 엄마를 따라 매일같이 영화관을 다니며 수많은 영화를 봤다. 그리고 좀 더 자라서는 영화를 마음껏 보기 위해 동네 비디오 가게에 취직했고, 그야말로 동서고금을 망라한 영화들을 섭렵했다. 그렇게 시간이 흘러 1992년, 자신이 직접 시나리오를 쓴 영화 〈저수지의 개들〉을 통해 감독으로 데뷔했다. 이 영화는 평론가와 관객 양측으로부터 뜨거운 반응을 얻으며 수많은 영화제에서 수상했다. 전문적인 연출 수업은 전혀 받은 적 없던 당시 20대 후반의 젊은 감독은 이제 평단과 일반

관객 양측에게서 가장 사랑받는 감독 중 하나로 꼽히고 있다.

세계적인 의류 기업 '폴로 랄프로렌'의 창업자이자 디자이너인 랄프 로렌Ralph Lauren 역시 디자인을 전공하지 않았다. 그가 뉴욕시립대학교에서 전공한 과목은 경영학이었고, 그나마도 중퇴했다. 이후 브룩스 브라더스Brooks Brothers라는 의류 회사를 거쳐 넥타이 제조 회사에서 판매원으로 일했다. 디자인을 전공한 것도 아니고, 의류 회사에서도 디자인이 아닌 판매 쪽 일을 했던 그가 의류 디자이너로서 세계적인 성공을 거둔 것이다. 랄프 로렌의 성공에는 여러 가지 이유가 있겠지만, 어린 시절부터 패션에 민감했다는 사실은 익히 알려져 있고, 여기에 의류 회사에서 일하는 동안 수많은 옷을 본 경험도 결코 무시할 수 없다.

이처럼 '보는 것'을 통해 어지간한 전문가들보다도 훨씬 뛰어난 역량을 보이는 경우는 이제 그리 찾아보기 어렵지 않게 됐다. 단, 여기에는 중요한 조건이 따라붙는다. 단순히 많이 보기만 할 게 아니라 '관심을 가지고' 열심히 보고, 그리고 '느끼면서' 봐야 한다. 그래야만 보이는 것들이 있기 때문이다. 영화를 틀어놓고 영상과 자막을 그저 멍하니 보기만 해서는 수만 편의 영화를 보더라도 타란티노 감독처럼 될 수 없다. 랄프 로렌이 의류 회사에서 일하는 동안 판매원이라는 본분에 맞춰 그저 옷을 파는 데만 집중했다면 결코 지금과 같은 성공을 거두지는 못했을 것이다. 책 또한 생각하고 고민하고 공부해가며 읽지 않으면, 즉 그저 '읽는다'는 행위 자체에만 집중한다면, 수천 권을 읽어도 남는 것은 없다.

여기에 덧붙여 내가 강조하고 싶은 또 다른 하나는, '아무거나' 보기보다는 '좋은 것'들을 찾아서 봐야 한다. 세상에는 정보가 넘쳐난다. 무엇을 보건 관심을 가지고 고민을 해가며 보기만 한다면야 크든 작든 도움이 되긴 할 것이다. 그러나 한정된 시간을 효율적으로 활용하려면 좋은 것, 검증된 것을 많이 봐야 한다. 나 역시 대학교에서 디자인을 전공했지만, 돌이켜보면 책과 수업에서 보고 들었던 것보다 영국 유학 때 유럽여행을 다니며 보았던 것들, 백화점에서, 서점에서 보고 들은 것들이 큰 도움이 되었다. 우리나라를 무시하려는 것이 아니다. 지금은 우리나라 1위가 곧 세계 1위이기도 한 제품들도 더러 있지만, 내가 대학을 다니던 시절만 해도 거의 대부분의 디자인 분야에서 우리나라와 유럽의 격차는 매우 컸다. 사람들의 옷차림부터 거리의 간판, 동네 작은 카페의 테이블과 찻잔 심지어 거리의 조경 나무 하나에도 당시 한국에서는 볼 수 없는 세련미와 감각이 느껴졌다.

2008년 디자인 전공학생들과 2주간의 유럽여행을 갔던 적이 있다. 주요 일정은 미술관과 디자인 전시회를 둘러보는 것이었지만, 우리에게는 길거리의 건축물과 조형물이나 거리에 쉽게 접할 수 있

조형미가 넘쳐나는
모나코 거리의 나무
사진출처 강범규

는 홍보 간판 등 모든 것이 공부가 될 만한 볼거리였다. 여기에 수록된 사진에서 보듯이 모나코 거리의 나무나 네덜란드 유트레트 거리의 공사현장 가림막, 암스테르담 거리의 가림막에 붙어 있는 그래픽 지도, 이 모든 것이 내게는 아주 멋진 디자인 작품으로 느껴졌다. 특히 유트레이트 거리의 공사장 가림막에는 작은 네모난 구멍을 여러 개 만들어 공사장 안을 들여다볼 수 있게 해두었는데, 어느 미술관에서 본 작품보다도 내게 깊은 인상과 영감을 주었다. 파란

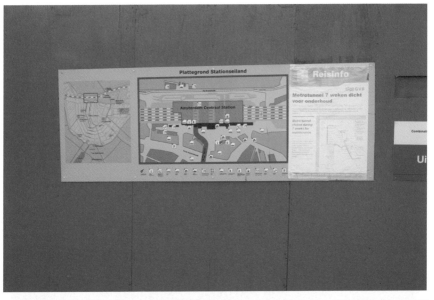

위_ 암스테르담 거리에서 본 공사장 가림막에 붙어 있는 지도 ⓘ 사진출처 강범규
아래_ 네덜란드 유트레이트 거리의 공사장 가림막 ⓘ 사진출처 강범규

색 가림막의 중앙을 정열적으로 가로지른 붉은색 띠 역시 매우 강렬한 그래픽 디자인 작품으로 느껴졌다.

이렇게 관심을 가지고 봐야만 우리는 일상에서 멋진 디자인 작품들을 찾을 수 있다. 그리고 '보는 눈'이 생긴다. 그런 눈이 있어야만 수많은 정보 속에서 좋은 것, 도움이 되는 것, 양질의 것들을 판별해낼 수 있고 내 것으로 만들 수 있다. 그리고 이런 과정이 쌓이다 보면 어느 순간 어지간한 '전문가'보다도 더 전문적인 사람이 되어 있을 것이다.

이런 사람들의 예시는 찾아보면 의외로 많다. 타란티노 감독처럼 멀리 갈 것도 없이 1장의 '디자이너, 비주얼의 마법사'에서 예로 들었던 그린노마드의 허준영 대표만 봐도 그렇다. 허준영 대표는 현재 카페 운영은 부업이고, 본업은 인테리어 디자이너로도 활동 중이다. 그는 대학에서 디자인을 전공하지도 않았고, 대학 졸업 후에는 온라인 판매 회사에서 상품 판매 MD로 일했다. 그가 디자이너의 길을 가게 된 것은 온라인 MD로 일을 몇 년 한 후부터 본인의 안목을 직접 적용한 디자인을 하고 싶어서였다고 한다. 그리고 지금은 인테리어 디자이너로서 명성을 쌓아가고 있다.

허 대표는 어린 시절부터 아름다운 디자인, 형형색색의 옷과 아기자기한 소품들에 관심이 많았다고 한다. 여러 잡지를 통해 많은

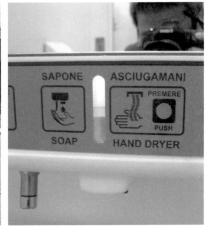

여행이나 출장 때 늘 카메라를 들고,
영감을 줄 만한 소재를 담아 놓는 습관을 가진 저자

📷 사진출처 강범규

것을 보고 접하면서 감각을 키워나갔다. 그 결과 인테리어 디자이너로서 점점 인정을 받아가고 있고, 그린노마드를 시작한 이후로는 더 많은 사람들이 찾기 시작했으며, 지금은 서울에서도 디자인 의뢰를 받고 있다.

이처럼 관심을 가지고 '잘 보는' 것은 이토록 큰 힘을 발휘한다. 노벨 화학상 수상자인 윌리엄 립스콤William Lipscomb, 1919-2011 박사는 "창의적인 생각은 갑자기 떠오르는 것이 아니라 많은 지식이 있을 때 생겨난다"는 말과 함께 책을 많이 읽는 것이 창의력의 원천이라고 했다. 이는 앞서 1장에서 말한 바 있는 '구슬'을 최대한 많이 모으는 과정과도 같다. 관심을 가지고 많이 보면서, 많은 구슬을 축적해야만 이들을 어떻게 꿰어서 더 아름다운 장신구를 만들 수 있게 될 것이다.

디자이너의
'보는 법'

　대학을 다니지 않고도 성공한 사람이 의외로 많다. 내 주위도 많다. 이들은 공부를 하지 않은 사람이 아니다. 오히려 늘 충만한 배움의 자세로, 늘 열린 마음으로 공부를 한 사람이다. 그리고 무엇을 보든 배울 점을 찾아 받아들이는 사람이기도 하다. 즉, 무엇을 보든 그냥 보는 것이 아니라 무언가 배울 점이 없는지 찾아내려는 적극적인 관찰을 한다. 그래야만 흡입력 있게 양질의 정보와 지혜인 '구슬'을 모을 수 있기 때문이다. 나아가 그래야만 이 구슬들을 어떻게 꿰어야 가치 있고 멋진 결과물을 만들 수 있을지도 보이게 마련이다.

　그래서 '보는 방법'도 중요하다. 나는 디자이너로서 보다 많은 것을 보고자 노력해왔고, 지금도 그렇게 하고 있다. 프리젠트가 있는 부산을 벗어나 미팅이 있을 때면 직접 운전하기보다는 기차를 타고 간다. 운전대를 잡고 있을 시간에 자유롭게 책도 읽고 필요한 자료들을 찾아볼 수 있기 때문이다. 또한 보다 다양한 양질의 구슬

파리의 Ofr서점에서
사진출처 강범규

을 모으기 위해 각종 전시회나 백화점을 즐겨 찾는다.

보다 글로벌한 정보와 트렌드를 빠르게 접하기 위해 해외를 찾는 디자이너도 많다. 나 역시 해외출장과 여행을 즐겨 다니는데, 단순히 즐기기 위한 여행이라고 보다는 새로운 것을 찾아 배우는 즐거움을 추구한다. 그래서 난 새로운 곳을 가면, 그곳의 명소를 구경한 후 가능하면 디자인 책이 있는 서점과 근처의 백화점에 들른다. 짧은 시간에 많은 양질의 디자인을 접하고 신제품들을 볼 수 있기 때문이다. 두 곳의 차이라면 백화점은 실물을 볼 수 있는 장점이 있고, 반면 책은 사진이나 그림을 통해 짧은 시간에 많은 새로운 디자인을 볼 수 있다.

어느 나라의 어떤 백화점을 가더라도 명품 브랜드에서는 비슷비슷한 제품이 대부분이다. 하지만 생활 잡화는 각 나라와 지역마다 다르다. 그래서 내가 여행지의 백화점을 찾을 때 주로 보는 것은 유명 브랜드보다는 생활 잡화 쪽이다. 어떤 의미에서 '사냥'과도 같다. 눈에 확 띌 정도로 좋은 디자인의 제품 또는 독특하고 재미있는 제품을 발견해 영감을 얻을 때도 있다. 이런 것들의 가격이나 부피가 너무 부담이 되지만 않는다면 사오기도 하고, 그러지 못할 경우에는 가능하면 허가를 구하고 사진을 찍어둔다. 이렇게 모인 자료들이 나에게는 레퍼런스 자료가 되어주는데, 꽉 막혀서 진행이 멈춰있던 디자인 작업에 큰 도움을 받은 적도 종종 있었다. 그러니 백화

점을 갈 때면 '사냥꾼' 모드가 발동되는 것이다.

백화점에서의 사냥이 끝나면 나는 현지인에게 묻거나 검색을 해서 인근의 가장 큰 서점을 찾아간다. 큰 서점을 찾는 이유는 단순하다. 일종의 직업병이라고 할 수도 있는데, 내가 서점에서 주로 보는 책이 제품 디자인이나 인테리어 관련 서적이라 아쉽게도 작은 서점에서는 그런 책들이 많지 않아 찾기 어렵기 때문이다. 있더라도 디자인 전문서점이 아니라면 책의 종수가 적어 아쉬웠던 경험이 있었기에 그 이후로는 가급적 큰 서점을 찾게 된 것이다.

왼쪽_ 파리 Merci 편집샵에서
오른쪽_ 파리의 Merci bookshop
사진출처 강범규

외국 서점에는 한국에 없는 디자인 책이 많다. 그래서 가능하면 서점 내에 책을 읽을 수 있는 공간에서, 그런 자리가 없다면 그냥 서점 바닥에 앉아서라도 한동안 책을 본다. 요즘은 인터넷을 조금만 검색하거나 SNS에서 팔로우를 해두면 세계 각지에서 실시간으로 올라오는 온갖 디자인을 쉽게 접할 수 있다. 그럼에도 난 여전히 책장을 한 장씩 넘겨가며 새로운 디자인을 접하는 일종의 감칠맛 때문에 종이책을 사랑한다.

또한, 내가 서점에서 보는 책 중에는 그 지역의 정보가 담긴 '여행자를 위한 책'도 있다. 유명 관광지일수록 그런 책들이 많다. 바르셀로나의 서점에 가면 바르셀로나 도시를 소개하는 책이 많다. 그리고 이런 책들이야말로 모든 곳, 모든 것을 직접 볼 수 없는 사람들을 위한 선물과도 같다. 관광객의 눈이 아닌 그 지역 사람들의 눈으로 본, 직접 살아본 사람들만이 알 수 있는 정보들이 담긴 책이기에 오히려 더 많은 것을 얻을 수 있다.

여담이지만, 우리나라에는 이렇게 그 지역 사람이 아니면 알기 어려운 정보와 사진이 담긴 책자가 많지 않다. 이 부분이 항상 안타깝고 아쉬웠기에 나는 몇 년 전에 부산을 소개할 수 있는 책을 만들기도 했다. 직접 사진을 찍거나 지역 사진 동호회 사람들에게서 받은 사진들을 모아 만든 책 《BUSAN》이다. 나는 주변 사람들에게 책 선물을 자주 하는데, 해외 사업을 하시는 분들이 《BUSAN》 책을 특히 마음에 들어 했다. 그분들이 말하길, 외국인들이 이 책을 보면 하나같이 '부산에 가보고 싶다'고 한다는 것이다. 외국인들 또는 우리나라의 타 지역 사람들을 위해서라도 우리나라도 지역별로 이런 책이 하나쯤은 있어야 하지 않을까 싶다. 그 지역과 그 안에서 살아가는 사람들의 삶을 담아낸 사진집이야말로 그 지역을 소개하고 기념하는 가장 좋은 기념품이 아닐까?

책으로 보는 것과 직접 보는 것에는 장단점이 있다. 두 가지를

Korean · English

BUSAN
부산

Korean · English

BUSAN

Kang Bumkyu · Lee Bobae

PRESENT

《BUSAN》, 저자 강범규 · 이보배, 2016년 출간

매우 다양한 컬러가 존재하는 팬톤 컬러북 📷 사진출처 김고은

모두 해야 효과는 극대화된다. 예를 들어, 디자이너들이 컬러를 선정하기 위해 보는 팬톤 컬러북에는 인쇄를 위한 컬러와 제품에 적용하기 위한 컬러가 각각 5,000여 가지씩, 약 1만 가지에 이르는 컬러가 담겨 있어, 처음 보는 사람들은 놀라곤 한다. 하지만 나는 제품 디자인 과정에서 컬러를 선정할 때 팬톤 컬러북은 이용하지 않는 경우가 많다. 이 책에는 1만 가지의 다양한 컬러가 있지만, 막상 내가 디자인하는 제품에 적용할 컬러는 이 안에서 찾을 수 없는 경우가 많기 때문이다. 그럴 때면 난 직접 물감들을 섞어 내가 원하는 컬러를 만들어본다. 그것만으로도 힘들 때면 백화점을 찾아간다. 백화점에는 보통 3만 가지가 넘는 제품이 있다. 그 다양한 제품들을 보다 보면 내가 원하는 컬러를 찾게 될 때도 있고, 최소한 방향이라

도 얻게 되는 경우가 많다. 이게 내가 '일하는 방법'이자 '보는 방법'이다.

내가 보는 방법에는 "봤다면 정리해야 한다"도 포함된다.

아무리 좋은 것을 많이 보고 경험해도 그냥 흘려보내서는 의미가 없다. 사람의 기억은 한계가 있다. 정리하고 기록해둬야 한다. 그래야 사라지지 않는다. 정리하고 기록하고 저장해두어야 필요할 때 바로바로 다시 찾아볼 수 있다. 사진도 찍고 간단한 메모를 해두고, 가능하다면 그림까지 그려둘 수 있다면 더 좋다.

내가 추천하는 방법 중 하나는 인터넷을 이용해 많은 디자인을 접하고, 이를 자신에게 맞는 항목별로 폴더를 만들어 정리해두는 것이다. 내가 사용하고 있는 방법이기도 하다.

여기에 실은 사진은 내가 영감을 얻기 위해 인터넷에서 찾은 레퍼런스 이미지의 일부다. 컬러와 형태, 직선과 곡선 등 여러 유형에 따라 이런 자료들을 수백 개씩 모아 PPT 파일로 만들어둔다. 보통 파일 하나에 슬라이드가 200~300개 정도이고, 이런 파일이 또 다시 수십 개에 이른다. 예전보다는 많이 줄어든 것으로, 나는 좋은 디자인을 볼 때마다 구슬을 모은다는 생각으로 수집하는 것들이다.

이렇게 일일이 파일로 만들어서 정리해두는 것도 좋지만, 나와 같은 전문 디자이너가 아니라면 이렇게까지 하기는 너무 번거로울 수 있다. 그리고 이제는 그렇게까지 할 필요도 없다. 요즘은 인터넷에 다양한 자료들이 넘쳐나고, 그 중에는 가입 후 로그인을 하면 온라인상으로 자신만의 분류 폴더를 만들어 곧바로 저장할 수도 있다. SNS에도 수많은 자료가 넘쳐나고, 이를 바로바로 보관해둘 수 있어 인터넷만 된다면 어디서든 쉽게 열어볼 수 있다.

그중 내가 추천하는 사이트는 크게 3군데다.

핀터레스트www.pinterest.co.kr는 각 분야별, 아이템별로 방대한 디자인 소스가 있을 뿐만 아니라 자신의 계정에 분류 폴더를 여러 개 만들어 각각의 쓰임새에 맞게 곧바로 저장과 열람이 가능하다. 자

내가 모은 핀터레스트 레퍼런스용 자료의 일부

료의 양 자체는 상대적으로 적지만, 어도비사에서 만든 디자이너 포트폴리오 플랫폼 비핸스www.bchance.com는 좋은 디자인이 많다. 그래서 전문 디자이너들이 즐겨 보는 곳이기도 하다. 그 외에 소스트리www.sourcetree.kr는 그래픽이나 아이콘, 폰트 등의 소스를 구하기에 편리한 곳이다.

이처럼 오늘날은 찾고자 한다면 정보가 넘쳐난다. 그러나 유명한 SF소설가이자 문학평론가였던 시어도어 스터전Theodore Sturgeon, 1918-1985이 남긴 "SF의 90%는 쓰레기다. 하지만 모든 것의 90%는 쓰레기다"라는 말처럼, 좋은 정보, 아름다운 정보는 생각보다 많지 않다. 그러니 정보홍수 시대에 양질의 정보를, 좋은 구슬을 골라내기 위해서는 무엇보다 자신이 하려는 작업의 목적을 분명히 하고, 그 목적에 부합하는 정보인지를 생각해 내게 필요한 것들을 추려내는 연습이 필요하다.

신은
디테일에 있다

나는 어째서 디자이너와 같은 안목을 갖추라고 되풀이해 강조하고 그 방법까지 설명하고 있는 걸까? 그런 안목이 필요한 이유, 디자이너와 같은 감각을 가져서 무얼 하라는 것일까?

매우 다양한 수십 가지 이유가 있지만, 그중 단 하나의 이유를 꼽자면 "문제를 보다 쉽고, 효과적으로 해결하기 위해서"다. 그리고 우리가 마주치게 되는 상당수의 문제, 회사에서 일을 하건 자기 사업을 하건 간에, 경제적인 활동을 하는 경우라면 더더욱 디자이너의 안목이 큰 도움이 된다. '디자인 만능설'을 주장하려는 게 아니라 디자인의 특성이 그렇고 디자이너의 일이 그것이기 때문이다. 빅터 파파넥의 "디자인은 문제를 찾아 해결하는 것이다"라는 말을 다시 되새겨볼 때다.

그렇다면 디자인은 만병통치약일까? 물론 아니다. 잘 훈련된 디자이너, 뛰어난 디자이너라면 문제를 해결할 가능성이 그만큼 높아

진다는 의미다. 그리고 디자이너와 같은 안목으로 문제를 해결하고
자 한다면 결코 '디테일'을 빼놓고 이야기할 수 없다.

"신은 디테일에 있다 God is in the detail."

이 말을 한 번쯤은 들어봤을 것이다. 19세기 프랑스의 대표적인
소설가였던 귀스타브 플로베르Gustave Flaubert, 1821-1880 가 만들었다는
설도 있고 누가 만들었는지 알 수 없는 속담이라고 하는 설도 있는
데, 중요한 것은 출처가 아니라 이 말에 담긴 함축적 의미다. 쉽게
말해 "무얼 하건 철저하게, 작은 것도 놓치지 않고 완성도를 높여서
해야 한다"는 뜻이다.

예를 들어, 음식 하나만 해도 그렇다. 그날그날 기분에 따라서
어떤 음식이 먹고 싶어질 때가 있다. 어떤 때는 삼계탕을 먹고 싶기
도 하고, 어떤 때는 칼국수를, 어떤 때는 피자나 파스타를 먹고 싶어
한다. 중식이나 일식을 먹고 싶을 때도 있다. 하지만 실제로는 그 음
식을 먹지 않고 넘어갈 때가 더 많다. 여기서 중요한 것은 한식인지
중식인지, 스테이크인지 치킨인지, 즉 '메뉴'가 무엇인지보다는 '맛
있는 음식을 먹고 싶다'일 수도 있다.

이때 맛있는 음식은 '완성도'가 높아야 하는데, 이 완성도는 전
체를 구성하는 하나하나의 '작은 부분들을 솜씨 좋게 완성'함으로
써 이루어진다. 우선 음식은 기본적으로 간이 맞아야 한다. 하지만

간이 맞더라도 그리 맛있다는 생각이 들지 않는 경우도 많다. 여러 가지 이유로 예전보다 전체적인 음식 맛이 상향평준화되면서 점점 '보통의' 맛에 익숙해진 우리에게는 고유한 맛이 있는 음식을 찾게 되기 때문이다. 사실 이 차이는 정말 작고 미묘한데, 그 작은 차이가 특별한 결과를 만들어낸다. 이 차이는 독특한 재료에 있기도 하고, 각 음식에 들어가는 재료의 양과 비율에 따라서 생겨나기도 한다. 때로는 음식을 조리하는 순서나 조리 시간, 방법의 차이일 때도 있다. 그리고 대부분은 이 모든 것에서 조금씩의 차이를 둠으로 인해 전체적인 '완성도'가 달라지고, 진짜 맛집으로 성공하느냐 평범하거나 그 이하의 맛으로 떨어지느냐가 달라진다. 하나를 끓이더라도 고작 30초를 더 끓이느냐 덜 끓이느냐, 반의 반 컵 정도 물을 더 넣느냐 넣지 않느냐, 스프를 조금 더 넣느냐 덜 넣느냐와 같은 작은 차이로 맛이 완전히 달라지지 않는가. 이런 작은 차이를 만들어내기란 쉽지 않지만, 일단 만들어내기만 한다면 작은 차이는 큰 결과로 돌아온다. 그게 시장의 원리이기도 하다. 그리고 디자이너는 이런 디테일에 집착하는 사람이기에 그들의 안목을 '훔칠' 수만 있다면 그래야 한다는 것이다.

유능한 디자이너들은 모두 일의 완성도에 매우 민감하다. 디자인 영역에서 가장 중요하게 다루는 이슈가 'CMF'라는 것만 봐도 알 수 있다. CMF는 색상Color, 재료Material, 마감Finishing의 첫 글자를 따서 만든 단어다. 즉, 컬러, 재료, 그리고 제품의 마무리에 집착하는 사람이 바로 디자이너라는 뜻이다. 그래서 해마다 디자이너들은 각 기관에서 새롭게 제안하는 CMF 트렌드를 열심히 들여다보고 감각을 잃지 않으려 노력한다. 좋은 디자인 결과물들은 CMF 중 어느 것 하나 소홀히 하지 않는다.

여기서 F^{Finishing}가 바로 제품의 완성도를 의미한다고 볼 수 있다. 한 제품이 시장에서 성공을 거두면 모조품이나 유사제품이 쏟아져 나온다. 이 제품들은 컬러와 재료 등에서 진품의 디자인을 똑같이 만들어내기도 한다. 이렇듯 점점 진품과 차이를 찾아보기 힘들 정도의 모조품들이 쏟아져 나오고 있지만, 여전히 딱 봐도 어딘가 모르게 질이 떨어져 보이는 모조품이 대부분이다. 소위 '짝퉁'임을 단번에 알아볼 수 있는 제품들이 많다는 뜻이다. 이런 경우 대부분은 '마무리'에서 차이가 난다. '짝퉁' 가방을 살펴보면, 면과 면이 이어지는 부분의 패턴이 정확히 맞아떨어지지 않는 등 디테일이 부족한 경우가 많다. 비슷한 재료와 컬러를 사용했는데도 이런 작은 차이만으로도 완성도가 떨어져 보이는 것이다. 디테일의 부족은 곧 완성도의 하락으로 이어지고, 결국 제품의 질을 낮춘다.

프리젠트
카페

나는 프리젠트 카페 곳곳에 내가 좋아하는 글귀를 적어 벽에 붙여두었다. 주로 1층부터 3층으로 이어지는 계단 난간과 보호벽, 건물의 기둥에 붙어 있다. 프리젠트에는 넓고 하얀 벽이 많으니 여기에 적으면 더 눈에 잘 띄긴 할 것이다. 하지만 **프리젠트는 쾌적하고 여유로운 공간이어야 한다.** 처음부터 그런 컨셉의 공간이었다. 시원하게 비워둔 여백이 많아야 한다. 또한, 진회색 계단 난간과 기둥에 써두면 고객들이 카페를 오가는 동안 더 자연스럽게 글귀를 접할 수 있다는 점도 고려했다. 이때도 글귀는 모두 계단의 경사와 일치하도록 각도를 조절했다. 보다 편하게 읽을 수 있게 하면서도 디자인적인 조화까지 이루기 위해서다.

카페에 내가 책 속에서 찾아낸 '마음을 움직였던 글'이나 '시'를 적어놓은 이유가 있다. 커피 한 잔이 한 사람의 삶을 바꿔놓기는 어렵겠지만, '따뜻한 말 한마디' 혹은 '마음을 움

LOVE
BUSAN

BUSAN 사진전 & 출판기념회
2016. 11. 09. Wed

RECEPTION PM 06:30 / OPENING PARTY PM 07:30

조용한 대화는 따뜻한 배려입니다

나에게 남아 있는 날 중 가장 젊은 날, 바로 오늘, 그것을 시작하라

Lead Follow or Get out of the way [이끌든지, 따르든지 비키든지] - Ted Turner

프리젠트 매장 내외부에 새겨진 글귀 ⓘ 사진출처 김고은

직이는 한 문장의 글'은 힘겨운 삶을 사는 사람에게 위로를 주거나 한 사람의 삶을 바꿀 수 있는 힘이 있다는 믿음 때문이다.

　대부분은 내가 좋아하는 글귀들이지만, 때로는 손님들에게 전달하고 싶은 메시지나 주의사항을 적을 때도 있다. 노출 콘크리트 기둥에는 '조용한 대화는 따뜻한 배려입니다'라는 글귀를 붙여 두었는데, 손님들이 강압적으로 느끼지 않게 하기 위해 나름 고심해서 생각해낸 표현이다. 또한 이 노출 콘크리트 기둥 표면에 붙인 글귀 역시 계단 난간의 그것과 같이 약 10도 정도 기울어 있다. 똑바로 붙여두면 재미가 없었을 것이다. 이것은 건축 당시 콘크리트를 담아내기 위한 거푸집으로 인해 생긴 결에 맞춰 붙인 것인데, 해놓고 보니 똑바로 붙이는 것보다 훨씬 감각적으로 보였다. 이런 작은 디테일의 차이가 사람들에게 재미와 새로운 감각을 느낄 수 있게 해준다는 점을 기억해야 한다.

서로 다른 것을 연결하면
새로운 가치가 탄생한다

　많은 것을 보고, 듣고, 경험함으로써 '구슬'을 최대한 모았다면, 이제 그 구슬을 꿰어야 할 때다. 꿰지 않은 구슬은 딱 구슬만큼의 가치밖에 없는 반면, 이 구슬들을 어떻게 꿰느냐에 따라 그 가치는 수백 수천 배가 될 수도 있다. 이번 장에서 지금까지 이야기한 내용이 '어떻게 디자이너와 같은 안목을 가질 것인가'라면, 이제 이를 어떻게 활용할 수 있는지를 생각해봐야 한다. 그중에서도 디자이너의 안목을 통해 어떻게 창의성을 발휘하고 또 어떻게 원하는 컨셉을 구현해낼 것인지, 쉽게 말해 어떻게 차별화할 것인지를 생각해봐야 한다.

　'차별화'라고 하면 흔히 남들과 완전히 다른 무언가를 해내야 한다고 생각하기 쉽다. 하지만 하늘 아래 새로운 것은 없다. '음악의 아버지'라 불리는 바흐 Johann Sebastian Bach, 1685-1750와 '음악의 어머니'라는 헨델 Georg Friedrich Händel, 1685-1759 이후 새로운 음악은 없다고도 하지 않는가. 아무리 창조적이고 창의적인 사람이라 해도 완전한 무(無)에서 새로운 것을 만들어내지는 못한다.

하지만 어쩌면 우리는 '창의적'이라는 말을 오해하고 있는 것인지도 모른다. 혁신적이라고 할 정도로 완전히 새로워 보이는 것만이 창의적인 것은 아니다. 실제로 우리가 '혁신가'라고 부르는 많은 사람이 자신은 기존에 존재하던 것들을 잘 연결하고, 조합하고, 심지어 다른 사람의 아이디어를 베끼고 훔쳤음을 인정했다.

"위대한 아이디어를 훔치는 것을 부끄러워 한 적이 없다."

이 말을 한 사람이 21세기 혁신의 아이콘이라는 스티브 잡스라는 사실이 믿어지는가? 또한 입체주의 미술의 창시자라 불리는 파블로 피카소Pablo Picasso, 1881-1973는 "좋은 예술가는 베끼고 위대한 예술가는 훔친다"고 했고, 빌 게이츠는 "하늘 아래 정말 새로운 것은 없다. 단지 새로운 조합만 있을 뿐이다"라고 한 바 있다. 심지어 음악의 아버지와 어머니라 불리는 바흐와 헨델 모두 표절을 했다는 것은 이미 공공연한 비밀이고, 둘 다 이를 숨기지도 않았다. 하나의 제품에 그치지 않고 작게는 한 분야를, 좀 더 크게는 새로운 시장을 만들어내고 세상을 바꿨다고 평가받는 '혁신적인' 사람들마저 그랬다면, 우리 같은 평범한 사람은 말할 것도 없지 않을까. 그러니 이제 혁신과 창의에 대한 눈높이부터 낮출 필요가 있다. 새로운 무언가를 만들어내는 것은 기존에 있던 것들을 새롭게 연결하거나 결합하는 행위라고 생각하면 어떨까?

스티브 잡스는 이런 말도 했다.

"창의력이란 그저 사물들을 서로 연결하는 것이다."

어쩌면 이 말에 답이 있을지도 모른다. 하늘 아래 새로운 것이 없다면 '기존에 있는 것들(구슬들)' 중에서 '어떤 것들을 어떻게 연결하고 조합할 것인가(어떻게 꿸 것인가)'를 고민해야 한다. 그것이 디자인의 핵심 가치인 차별화 아이디어를 찾는 방법이기 때문이다.

그렇다면 '연결'이란 뭘까? 복잡하게 생각하자면 한도 끝도 없지만, 쉽게 생각하자면 간단한 이야기다. 우리가 일상적으로 접하는 많은 제품들이 이러한 '연결'을 통해 탄생한 것이니까.

새로운 아이디어는 서로 다른 것들의 연결이고 서로 다른 것들의 만남이다. 예를 들어, 연필을 사용하다 보면 지우개로 지워야 하는 상황이 있는데, 그때마다 지우개를 찾는 일이 여간 귀찮은 것이 아니다. 그래서 누군가는 연필 뒤에 지우개를 '연결'했다. 휴대전화가 우리 일상에 녹아들고 생필품이 되어갔고, 뒤이어 디지털카메라에 대한 수요가 폭발적으로 늘었다. 누군가는 두 가지를 매번 챙겨 다니는 것이 귀찮아졌을지도 모른다. 그래서 또 누군가가 휴대전화에 카메라를 장착했다. 휴대전화와 디지털카메라를 연결한 것이다. 뿐만 아니라 휴대전화에는 전자계산기와 일정표, 다이어리 등의 기능도 들어오기 시작했고, 인터넷까지 들어오면서 이제 휴대전화기

서로 다른 것들을 연결한 '지우개 연필'과 '스마트폰' ⓘ사진출처 김민아

는 '내 손 안의 PC'가 되었다. 휴대전화와 컴퓨터가 만난 것이다. 휴대전화기도, PC도, 디지털카메라도 모두 있었던 것들이지만 이를 '연결'한 것만으로도 세상은 바뀌었고, 우리의 라이프 스타일과 삶도 완전히 바뀌었다.

2020년 여름, '범 내려온다'라는 영상이 유튜브 1억 뷰를 훌쩍 넘기며 우리나라를 넘어 전 세계를 뜨겁게 달궜다. 판소리 〈수궁가〉의 일부를 퓨전 국악그룹 '이날치 밴드'가 노래하고 여기에 '앰비규어스 댄스컴퍼니(현대무용그룹)'의 안무가 더해지면서 엄청난 중독성으로 전 세계를 휩쓴 것이다. 이는 우리의 전통음악인 '판소리'와 서양 음악 장르인 '힙합'이 결합해 새로운 음악을 창조한 것이라 볼 수 있다.

　이처럼 삶에 큰 변화를 준 제품이나 작품들을 우리는 '혁신적'이라고 한다. 즉, 이미 있던 것들을 연결한 것만으로도 혁신이 일어났고, 우리 삶이 바뀐 것이다. 또한 상가와 아파트가 만나자 주상복합 아파트가 생겨났다. 에어컨과 온풍기, 여기에 공기청정기까지 하나로 합치자 기존에는 한 철만 사용하던 가전제품을 1년 내내 사용할 수 있는 제품이 됐다.

　하지만 이런 '연결'의 사례는 꼭 제품에만 그치지 않는다. 카페에서 조용히 책을 읽는 사람이 늘어나면서 북카페가 생겨났고, 공부하는 사람이 늘자 스터디카페가 생겨났다. 코로나19 사태로 인해 더욱 발달하게 된 인터넷 강의, 소위 '인강' 또한 연결의 사례다. 강의도, 인터넷도 기존에 있어왔던 것들이지만 둘을 연결하자 새로운 시장이 열렸다. 이런 예시는 너무도 많아서 일일이 열거할 수도 없을 정도다.

　이제는 이런 질문을 하고 싶을지도 모른다.

"그 좋다는 연결은 도대체 어떻게 해야 하는 건가요?"

그게 바로 지금부터 하려는 이야기다.

연결의
다양한 방법

새로운 아이디어를 얻는 데는 다양한 방법이 있다. 여러 방향에서 바라보고 생각할 줄 알아야 한다. 구슬을 모으는 데는 다양한 정보와 지식, 경험이 중요했다면, 이를 하나로 꿰는 데는 한 가지 목적을 명확히 하고 이에 집중하는 '몰입'이 중요하다. 이를 통해 수많은 생각 중 좋은 아이디어를 찾아내는 것이다.

우선 몰입에 대해 이야기를 해보자. 몰입은 쉽게 말해 어떤 하나의 문제에 집중하는 것이다. 그것도 그냥 집중하는 게 아니라 자나깨나 그 문제만을 생각하는 '집중적 사고'를 해야 한다. **어떤 문제에 몰입해 흠뻑 빠져 있다 보면 어느 순간 그와 관련된 해결책이나 아이디어가 쏟아져 나올 때가 있다.** 내 경우는 잠이 막 깨는 새벽에 좋은 아이디어가 많이 나온다. 이는 내가 하루 종일 어떤 문제를 해결할 아이디어를 찾느라 집중한 상태에서 잠들기 직전에도 그 문제를 생각하고 있었기 때문일지 모른다. 어떤 문제에 완전히 몰입하다 보면 잠을 자는 동안에도 뇌가 계속해서 문제 해결을 위해 작동하고 있다고 보면 된다. 그러다가 아침에 잠이 덜 깬 상태, 선잠을 자는 동안 전두엽에서 서로 다른 정보들이 결합돼 새로운 아이디어가 나오는 것이다. 더욱이 자고 일어났을 때는 뇌도 휴식을 통해 어느 때보다 뇌의 성능이 향상되었을 때이기도 하다. 이렇게 잠에 들기 직전까지, 그래서 잠이 든 후로도 뇌가 그 문제를 놓지 않을 정도로 집중한 상태야말로 진정한 의미에서 몰입이라 할 만하다.

처음 연애를 시작할 때를 떠올려보자. 아마도 24시간 내내, 공부를 하다가도, 일을 하다가도, TV를 보다가도, 잠자리에 누워도, 슬플 때도, 기쁠 때도, 항상 그녀 혹은 그가 머릿속을 떠나지 않을 때가 있지 않은가? 무엇을 하고 있더라도 문득문득 그 얼굴이 떠오르고 보고 싶어진다. 그야말로 그 한 명에게 '집중'하고 있는 상태인 것이다. 이게 바로 몰입 상태이자 무언가 창의적인 생각을 해내기에 가장 좋은 상태라 할 수 있다.

하지만 몰입 상태가 되기란 쉽지 않다. 인간의 본능인 연애와 달리 해결해야만 하는 골치 아픈 문제라면 하루 종일 끌어안고 있기는 힘들다. 몰입하기는커녕 불편하고 고통스럽기 때문에 피하고 싶어진다. 당연한 일이다. 하지만 피할 수 없는 일이라면 기꺼이, 즐겁게 받아들일 수 있도록 스스로 최면을 걸 필요가 있다. 이런 자기 최면은 효과가 있다. 일을 무사히 마쳐 문제를 해결했을 때, 성공적인 결과물을 만들어냈을 때의 희열을 상상해보는 것도 자기 최면의 효과를 높일 수 있다.

다행히 훈련을 통해 몰입 역량도 키울 수 있다. 다만 여기에도 단계가 있다. 마라톤을 완주하고 싶다고 해서 처음부터 42.195㎞를 달릴 수는 없다. 폐와 다리의 근육이 그 정도를 견뎌낼 정도가 되지 않기 때문이다. 근력과 폐활량이 늘어가도록 연습량 또한 조금씩 늘려가야 한다. 처음에는 1～2㎞, 다음에는 5㎞, 다음으로는 10㎞, 그 다음은 하프마라톤을 완주한 후에 다시 꾸준히 연습하다 보면 언젠가 마라톤을 완주할 능력을 갖추게 될 것이다.

몰입도 마찬가지다. 처음에는 한 가지 문제에 단 몇 분만 집중해도 머리가 아프고 자꾸 딴생각을 하게 되지만, 지속적으로 노력하다 보면 집중해서 생각하는 시간도 늘어난다. 그렇게 충분히 훈련이 되면 어느 순간에는 온종일, 자나 깨나, 심지어 며칠 동안 지치지 않고 한 가지 문제에 집중할 수 있게 될 것이다. 그리고 우리 몸의 근육들이 그렇듯 몰입 능력도 오랫동안 사용하지 않으면 다시 떨어질 수밖에 없다. 이를 주의해야 한다.

'몰입 근육'을 키우는 것도 중요하지만 그에 못지않게 중요한 것이 바로 '몰입의 방법'이다. 다소 허무할 정도로 간단한, 하지만 막상 해보려면 쉽지는 않은 3가지 방법을 추천한다.

첫째, 몰입에 유리한 환경을 만든다. 몰입하고자 하는 문제를 해결하기 전까지는 다른 곳에 신경 쓰지 않아도 되는 환경에 스스로를 데려다놓는 것이다. 예를 들면 친구와의 술 약속을 미루고, TV를 보지 않으며, 스마트폰을 잠시 멀리 하는 것만으로도 한결 몰입이 편해진다. 그렇게 결심하고 행동하기가 쉽지는 않겠지만, 그게 어렵다고 포기한다면 세상에 포기해야 할 일이 너무 많다.

둘째, 그 문제와 관련된 자료를 찾고 공부해야 한다. 너무 뻔한 이야기지만, 해결할 문제가 있다면 가능한 한 관련된 자료를 많이 찾아볼수록 유리하다.

셋째, 집중하려 '노력'하라. 어쩌면 가장 당연한 말이기도 하고 가장 어려운 일인지도 모른다. 연구할 자료를 찾아놓고 몰입을 위한 환경 또한 만들었지만 스스로 집중하지 않으면 말짱 도루묵이다. 집중하려 노력해야 집중이 되지, 집중할 마음이 없으면 그 어떤 상황에서 그 어떤 문제에도 집중하지 못하는 게 당연하니까. 단, 이때는 '좋은 아이디어를 찾아야만 해!'라는 강박관념과 부담감으로 생각이 경직되지 않도록 주의해야 한다. 가능하면 자연스럽게 생각의 흐름을 즐기는 것이 좋다. 회의할 때를 떠올려보자. 분위기가 경직됐을 때보다는 분위기가 밝고 자연스러울 때 더 많은 아이디어가 나오게 마련이다. 달리기로 따지면 쉽게 지칠 수 있는 단거리가 아니라 마라토너처럼 장기적으로 바라보고 무리하지 않고 뛰어야 한다. 처음에는 힘들 수밖에 없다. 하지만 마라톤을 하다 보면 죽을 듯이 괴로운 순간인 사점死點, dead point을 지났을 때 오히려 달리기 자체를 즐기게 된다는 '러너스 하이Runner's High'가 찾아온다고 한다. 마찬가지로 어떤 문제에 오랫동안 집중하다 보면 어느 순간 몰입 상태를 즐기게 된다.

이렇게 몰입된 상태에서는 창의적인 아이디어와 해결책이 폭발적으로 솟아오르기도 한다. 완벽히 한 가지에 몰입해 있다 보면 뭘 보더라도 그것과 연관지어 생각하게 되어 있고, 그러다 보면 뜻하지 않은 것들을 서로 '연결'시키는 것도 가능하다(몰입에 대해서 좀 더 공부해 보고 싶다면 황농문 교수의《몰입》이라는 책을 읽어 보기 바란다).

전 세계에 약 2억 명의 유료 가입자를 보유한 넷플릭스netflix의 성공 요인은 여러 가지가 있지만, 당시로서는 파격적이었던 '월 정액제'도 크게 한몫했음은 분명하다. 그때까지만 해도 영화를 보려면 영화관을 찾거나, 집에서 비디오테이프 또는 DVD를 대여해야 했지만, 넷플릭스는 정액제를 도입해 일정한 액수를 낸 회원에게는 자신들이 스트리밍으로 제공하는 영화를 정해진 기간 동안에는 마음껏 볼 수 있게 한 것이다. 정액제 기간 내에서라면 1편을 보건 100편을 보건 상관이 없는 이 시스템에 회원들은 크게 열광했다. 넷플릭스의 공동 창업자인 리드 헤이스팅스Wilmot Reed Hastings Jr.는 이 아이디어를 평소 정액제로 이용하던 체육관에 운동하러 가는 도중 얻었다고 한다. 영화 스트리밍 서비스만 해도 기존의 서로 다른 산업들을 연결한 것인데 여기에 '정액제'라는 결제 및 이용 방식까지 연결한 것이다. 그때 리드 헤이스팅스는 하루 종일 넷플릭스에 대한 생각으로 머리가 가득했다고 한다. 그러니 영화 스트리밍 서비스와는 무관해 보이는 체육관의 시스템까지 연결할 수 있었으리라.

이처럼 연결과 몰입은 떼려야 뗄 수 없는 관계이기도 하다. 몰입은 연결이 이루어질 수 있는 가장 최적화된 환경을 제공하는 것이다. 하지만 완전히 몰입되기만을 기다리기는 힘들고, 몰입이 됐다고 해서 무조건 기발한 연결이 이루어지는 것도 아니다. 그렇기에 때로는 연결을 앞에 두고 생각하는 것도 한 가지 방법이다. 즉, '무엇을, 어떻게 연결시키면 좋을까?'를 두고 고민해보는 것이다. 나 또한 그런 방식으로 많은 아이디어를 얻었다. 실제로 내가 차별화 아이디어를 얻는 기본적인 방법이 기존 제품이 가지고 있지 않은 것을 외부에서 가져와 이 제품에 녹이는 것이다. 심지어 전혀 다른 분야에서 방법을 찾아낼 수도 있다. 알래스카 연안을 지나던 유조선에서 석유가 유출된 적이 있다. 일반적으로 바다에서 석유가 유출되면 펌프로 이를 빨아들이는데, 알래스카 연안의 추위로 인해 물과 다른 물질들이 얼어붙으면서 펌프질이 제대로 되지 않았다. 이때 한 콘크리트 업계 엔지니어가 아이디어를 제시했다. 콘크리트는 쉽게 굳기 때문에 어딘가에 붓는 것도 쉽지 않은데, 이때 잘 굳지 않도록 진동 장치를 사용한다. 이 장치를 사용함으로써 물이 어는 시간을 지연시킨 덕에 알래스카 인근의 석유 유출 문제도 조금 더 쉽게 해결할 수 있었다.

이처럼 서로 비슷한, 때로는 전혀 다른 무언가를 잘 연결시키려면 우선 '고정관념이나 선입견을 벗어나는 것'이 중요하다. 쉬운 일은 아니다. 특히 익숙하지 않은 사람이라면 막막할 수밖에 없다. 하지만 대부분의 일은 복잡하게 생각하려면 한없이 복잡해지고 쉽게 보려고 하면 더없이 단순해진다. 쉽고 단순하게 보는 것, 즉 본질만을 보는 것이 가능해지면 그때부터는 익숙해질 때까지 반복하는 단계다. 그런 의미에서 기존의 서로 다른 것들을 효과적으로 연결하는 일도 크게 몇 가지 범주에서 많이 벗어나지 않는다. 더욱이 모든 분류는 상통하는 점이 있기에 한 가지를 할 수 있다면 나머지도 어렵지 않다.

그 방법들을 정리하자면 다음과 같다.

기존 제품과 서비스에 새로운 기능을 탑재한다

앞서 말한, 휴대전화와 카메라의 결합, 연필과 지우개의 결합이 여기에 속한다. 물성을 기준으로 보자면 '휴대전화＋카메라', '연필

+지우개'라는 '상품 간의 연결'이기도 하다. 하지만 기능적 측면에서 보자면 휴대전화에 카메라 기능이 들어간 것이고, 연필에 지우개 기능이 더해진 것이다. 카메라 기능이 있다고 해서 우리가 휴대전화나 스마트폰을 카메라라고 부르지 않고, 연필 끝에 지우개가 달렸다고 해서 그것을 지우개라고 부르지는 않는 이유다.

1장에서 소개한 프리젠트의 두리 변기 커버도 그렇다. 크게 보면 기존 기능에 새로운 기능을 탑재한 것이라 볼 수 있다. 기존에는 성인과 유아를 위한 변기 커버가 따로 있었는데 굳이 둘을 분리해 둘 이유가 없어 보였다. 보기에 따라 성인용 변기 커버에 유아용 변기 커버 기능을 더한 것으로도 그 반대로도 볼 수 있지만, 두리 변기는 따로 존재하던 어린이 변기와 성인 변기 하나의 제품에 합쳐 놓은 아이디어 제품이다.

최근에는 점점 더 '기능'적인 측면을, 그러니까 하나의 하드웨어에 다른 소프트웨어를 연결하는 경우가 늘고 있다. 예를 들어, 신발에 센서를 달아 스마트폰 앱과 연결해 얼마나 걷거나 뛰었는지, 칼로리는 얼마나 소비했는지를 알 수 있다. 최근에는 TV에 인터넷 접속 기능은 물론 각종 앱을 설치해 이용할 수도 있는 기능이 추가된 스마트TV가 대세다. 이 모든 것들이 기존의 제품과 새로운 기능을 연결함으로써 탄생한 것이다.

2014년 출시 이후 유아 변기 커버 시장
1위를 유지하고 있는 '두리 3.0'

﹃ 두리 변기는 따로 존재하던 어린이 변기와
성인 변기 하나의 제품에 합쳐 놓은 아이디어 제품이다. ﹄

재료를 새로운 것으로 바꾼다

　말 그대로 재료만을 바꿔보는 것, 기존 제품에 새로운 재료를 연결하는 것이다.

　이는 특히 음식에서 가장 자주 사용되는 방법이다. 예전에 친구들과 부산 광안리의 '베지나랑'이라는 식당을 방문했다가 전에 없던 새로운 경험을 하고는 깜짝 놀란 적이 있다. 치킨과 탕수육, 돈가스 등을 먹었는데, 모두 두부와 채소로 만든 것이라고 했다. 맛과 식감은 평소에 먹던, 고기 탕수육이나 치킨과 거의 차이가 없었는데 말이다. 알고 보니 그곳은 채식주의자를 위한 비건vegan 식당이었다.

부산 광안리 비건 식당 베지나랑의 콩까스　ⓘ 사진출처 강범규

음식 이야기가 나온 김에 한 가지만 더 이야기하자면, 나는 쌀로 만든 쌀식빵을 매우 좋아한다. 우연히 쌀식빵을 접한 후로는 특유의 식감과 맛에 반해 지금은 쌀식빵만 먹는다.

기존 제품에 새로운 재료를 연결한 차별화는 비단 음식에만 국한되지는 않는다. 모든 분야에서 이런 예시를 찾아볼 수 있다. 허먼밀러Herman Miller에서 출시돼 30년 가까이 사랑받고 있는 베스트셀

허먼밀러사(社)의 에어론 ⓘ 사진출처 허먼밀러 공식사이트

낡은 것도 새롭게 보는 디자이너의 안목

러 의자 에어론Aeron도 그런 제품이다. 에어론은 기존 의자의 등과 엉덩이를 받치던 부분의 스펀지와 두툼한 봉제 천을 없애고, 플라스틱 프레임에 메시mesh 소재 천을 끼워서 사용할 수 있는 의자다.

메시 소재는 통풍이 잘되어 땀이 차지 않고, 체중을 그대로 감싸주기 때문에 오래 앉아 있어도 불편함이 덜하며, 디자인 자체도 보다 가볍다. 사무실의 모든 의자를 에어론으로 바꾸면 공간 전체가 경쾌한 느낌이 들 정도다. 또한 에어론은 접착제를 사용해 봉제하는 것이 아니라 프레임에 끼워서 쓰는 방식이라 폐기할 때는 분해하기도 쉽고 쓰레기도 줄일 수 있다. 에어론 출시 이후 전 세계 고급 의자에 사용되는 재료가 송두리째 바꾸었다고 해도 과장이 아니다.

이밖에도 내가 꼽는 가장 큰 재료의 혁신은 건축물에 유리를 도입한 것이다. 건축물 외장 벽의 일부 혹은 전부를 벽돌이나 콘크리트에서 유리로 바꾼 것은 우리의 삶에 엄청난 혁신을 가져왔다. 막혀 있는 벽을 유리로 대체함으로써 바깥의 자연을 건축물 안으로 끌고 들어올 수 있었던 것이다. 사람은 빛과 자연, 바람이 없으면 오래 견디기 힘들다. 요즘은 어떤지 모르겠지만, 20여 년 전만 하더라도 고시원에는 창문이 없는 방도 많았다. 크건 작건 창이 하나 달려 있는 것만으로도 방값이 꽤나 차이가 났다. 빛이 거의 들지 않는, 유리가 없는 건축물…… 내 머릿속에는 감옥이 떠오른다. 빌딩숲에 휩싸일수록 사람들은 자연을 그리워하고 햇살을 원하게 되어 있으

다용도로 활용 가능한 친환경 항균 실리콘 칫솔걸이

니 유리벽으로 자연을 끌어오는 건물이 늘어나는 현상도 당연하다고 본다. 그러니 '책과 나무'를 컨셉으로 한 프리젠트에 넓은 통유리로 자연을 안으로 끌어오고자 했던 것이다.

내가 디자인한 제품 중에도 재료를 바꿈으로써 좋은 반응을 얻은 경우가 적지 않다. 항균 실리콘으로 만든 1인용 칫솔걸이도 그런 경우다. 당시 기존의 칫솔걸이는 플라스틱으로 만들어졌다.

사실 이 제품을 만들기로 했던 데는 세 가지 이유가 있다. 우선 기존의 플라스틱 제품은 칫솔걸이 외의 용도로는 사용하기 힘들었다. 디자인이 너무 단조롭고 아름답지 못했던 탓이기도 하다. 또한 접착제가 없으면 사용하기 힘들었다. 접착제는 나중에 제거하기도 힘들어 가능하면 사용하지 않고 싶었다. 마지막으로 플라스틱이 환경에 미치는 영향 때문이었다. 완벽한 에코eco 경영을 실현하고 있지는 못하지만, 나는 내가 할 수 있는 선에서 최대한 환경 친화적인 제품을 만들고 그렇게 경영하려고 하고 있다. 이 제품의 탄생에는 '접착제 없이도 벽에 붙일 수 있고 세척이 용이해 사용이 편리하며, 반영구적 사용이 가능한 롱라이프long life 친환경 제품을 만들자'는 마음이 있었다.

이처럼 새로운 재료를 연결하는 것은 기능과 형태를 비교적 쉽게 혁신할 수 있는 방법이기도 하다. 앞서 살펴본 에어론은 메시 소재를 택함으로써 의자의 형태와 기능에서 혁신을 이룬 경우다. 유리를 도입함으로써 전 세계의 건축 양식도 통째로 변화했다. 이러한 예시는 무수히 많다.

주류에서 벗어난 컨셉과 스타일을 시도한다.

앞서 연결은 결국 편견과 선입견에서 벗어나는 것부터 시작이라고 했다. 건물 벽은 벽돌이나 콘크리트여야 한다는 편견, 영화는 한 편씩 결제하고 봐야 한다는 선입견을 깼기에 획기적이고 혁신적인 상품과 서비스가 탄생한 것이다. 이는 달리 말하자면 사람들은 어떤 상품이나 서비스, 공간에 대해 편견과 선입견을 가진 경우가 많다는 뜻이기도 하다. 그리고 이런 편견과 선입견은 대체로 '주류'로 인정받는 컨셉에서 나온다. 그렇기에 주류에서 벗어난 비주류의 다른 컨셉을 도입하면 전혀 새로운 무언가가 나오기도 한다.

불과 20여 년 전만 해도 우리나라의 카페는 대체로 비슷비슷했다. 지금처럼 카페 산업이 크지 않았기 때문이기도 하지만, 그보다는 선두업계였던 스타벅스의 영향이 컸다. 대체로 '스타벅스 따라잡기'에 나선 느낌이었다. 이 또한 하나의 전략일 수 있지만, 차별화된 무언가를 제공하지 못하는 이상 따라 하는 것만으로는 결코 원조를 이길 수 없다.

시간이 흘러 우리나라의 카페 산업은 폭발적으로 성장하면서 점점 차별화된 카페도 늘어났다. 창고 같은 느낌의 카페, 빈티지 카페, 숲속에 들어온 것만 같은 자연친화적인 카페 등이 그렇다. 카페에서 커피 한 잔을 시켜두고 혼자 4인석을 차지한 채 온종일 앉아 업무를 보거나 공부하는 소위 '카공족(카페＋공부＋族)'이 문제가 되자 독서실과 카페가 더해진 '스터디카페'가 성행했다. 음료 가격이 아닌 이용 시간당 가격을 결제하는 시스템으로, 카페와 '카공족' 양쪽의 니즈needs가 맞아떨어진 경우라 할 수 있다. '좌석 이용료'를 '시간당' 결제하는 시스템이니 카페 측에서는 손님들이 오래 이용할수록 더 많은 돈을 벌 수 있다. 또한 손님 혼자 여러 개의 좌석을 사용하는 일이 없고, '스터디' 카페의 특성상 모두 조용히 이용하기에 손님들 간의 마찰도 거의 없다. 독서실처럼 월 이용권 등을 통해 고정고객도 확보할 수 있다. 손님들 입장에서도 좋은 점은 있다. 일반 카페에서 커피 한 잔 시켜두고 온종일 있을 때보다 비용은 조금 더 들겠지만, 대신 눈치 안 보고 마음껏 이용할 수 있다. 커피와 음료의 질이 상대적으로 떨어지는 대신 마음껏 마실 수 있고, 보통의 카페보다 훨씬 조용해 공부나 사무 일을 보기에 좋다.

프리젠트 바로 근처에는 '에베즈'라는 카페가 있다. 커피보다는 홍차와 스콘으로 유명한 곳으로 '티 카페'인데, 여성들에게 특히 인기가 많은 곳이다. 넓지 않은 공간이지만, '티 부티크Tea Boutique'라는 컨셉에 맞는 19세기 유럽풍 인테리어가 고아하고 고풍스럽다. 도자기로 된 찻주전자와 찻잔은 물론이고 직원들의 복장은 19세기 유럽풍 의상으로 마치 손님들에게 19세기 유럽에 와 있는 것 같은 느낌마저 준다.

세상이 각박해지고 점점 사람과 사람 사이의 '정'을 느끼기 힘들어졌기 때문일까? 또는 1인 가구가 늘고 있기 때문일까? 최근에는 따스함과 포근함을 찾는 사람이 많다. 그래서 식당 매장으로 가정집을 개조하거나 가정집의 느낌 그대로를 살려서 인테리어를 한 곳도 많고, 음식도 '집밥' 같은 느낌이 인기를 끈다. 예전에는 '외식'이라면 공간이든 음식이든 집과는 달라야 한다는 생각이 강했다면, 언제부터인가 외식에서도 오히려 '집처럼 편안한 공간에서 엄마가 해준 것 같은' 정성이 느껴지는 식당이 인기가 높아지고 있다. 2장에서 예를 들었던 레스토랑 비토도 그런 경우다. 전문 셰프의 손길을 거쳤으니 음식 맛이나 메뉴는 '가정식' 같은 느낌이 아닐 수도 있지만, 가정집을 개조한 매장답게 입구에서부터 편안한 느낌이 든다. 또한 '가내수공업 양식당'이라는 컨셉답게 재료가 되는 채소를 텃밭에서 직접 기르고, 면도 수타로 직접 뽑는다.

이처럼 주류에서 벗어난 컨셉을 시도하는 것은 잘만 한다면 색다른 무언가를 찾는 사람들을 나의 '팬'으로 만들 수 있다. 그리고 그중 가장 비용도 적게 들고 쉽게 시도해볼 수 있는 것이 바로 '새로운 컬러 컨셉'을 시도해보는 것이다. 물론 시도가 쉽다고 해서 결과를 얻는 것도 쉽지는 않겠지만, 남들 다 하는 대로 따라 하기보다는 뭔가를 시도해보는 편이 훨씬 낫다고 본다.

제품이나 공간에 따라 '주류'라 느끼게 되는 컬러 컨셉이 있다. 한때 선풍기와 냉장고, 세탁기, 전기밥솥 등은 '백색가전'이라고 불렸다. 이런 제품이 모두 백색 계열이었기 때문이다. 하지만 언제부터인가 다른 컬러가 속속 등장하기 시작해 지금은 파스텔 톤의 선풍기, 까만색 전기밥솥, 회색 냉장고 등 형형색색의 제품들이 있다.

앞서 이야기한 에베즈와 비토 역시 컬러를 주류에서 살짝 벗어나게 함으로써 세련된 느낌을 준다. 보통 '핑크'는 조금만 과해도 부담스럽게 마련인데 에베즈는 벽에 걸린 그림과 몇몇 소품, 의자 등에만 적절히 활용해 이런 문제를 해결했다. 비토는 내부를 오로지 흰색 한 가지 컬러로 통일했다. 덕분에 깨끗하고 세련된 느낌이다. 이 정도로 한 가지 컬러만을 사용한 경우는 거의 없기에 그것만으로도 차별화가 됐다. 그러면서도 '가내수공업'이라는 컨셉, 따뜻하고 포근하면서도 깨끗하고 건강한 자신들의 이미지에는 잘 맞기에 훌륭한 선택이었다 할 수 있다.

이런 식의 차별화는 어느 분야에서든 만들어질 수 있다.

나는 예전부터 안경 디자인에 관심이 많았다. 왜냐하면, 안경은 한 사람의 이미지에 있어서 너무나도 큰 역할을 하는 아이템인데, 정작 지금까지 마음에 꼭 드는 안경을 찾지 못했기 때문이다. 생각해보자! 우리가 옷을 사는 데 수십만 원도 쉽게 쓴다. 그리고 그 옷을 1년에 몇 번이나 입을까? 마음에 쏙 드는 옷이라고 해도, 그래서 자주 입는다고 해도 계절이 바뀌면 입을 수 없다. 다시 1년을 기다려야 한다. 하지만 안경은 어떤가? 대부분의 사람은 하나의 안경을 사서 그 안경이 망가지거나 눈의 도수가 맞지 않을 경우가 아니라면, 1년 내내 아니 수년 동안 하나의 안경만을 쓰고 다닐 것이다. 더욱이 안경은 한 사람의 인상을 좌우한다. 사람의 인상을 좌우하는 도구라니, 이 얼마나 중요한 물건인가!

그래서 나는 내가 마음에 드는 안경을 찾아서 여기저기 헤메고 다닌 적이 한두 번이 아니다. 하지만, 그동안 내 마음에 쏙 드는 안경을 찾지 못했다. 그래서 결심했다. 안경 디자인을 해야겠다고 …….

나는 디자인을 하기 전에 인터넷 검색을 통해서 몇 군데의 안경 제조사를 찾아냈다. 그리고 그들에게 제안했다. 나는 산업디자인 대학교수인데, 어떤 보수도 받지 않을 테니, 내가 디자인한 안경을 한 번 제작해서 판매해 보시면 어떻겠냐고 제안했다. 결과는 실망스러웠다. 내 제안을 받아준 제조사는 어디에도 없었다. 나는 '참 안목 없는 제조사들이군!' 하며, 내 뜻도 접었다.

그런데 몇 년 전부터 파격적인 컨셉으로 안경 업계에 돌풍을 일으킨 회사가 있다. 알 만한 사람은 아는 '젠틀몬스터'다. 처음 젠틀몬스터를 접했을 때, 나는 그야말로 충격을 받았다. 이곳은 우리나라의 기존 안경 회사들과 모든 것이 달랐기 때문이다. 이들은 안경을 '시력 보완용 도구'가 아닌 하나의 패션 상품으로 정의했다. 그리고 그들은 기존의 안경업계와는 완전히 차별화된 디자인 컨셉과 새로운 가치를 추구했다.

안경만 혁신적인 것이 아니었다. 안경 매장도 완전히 파격적이였다. 홍대에 있는 플래그십 스토어의 입구를 보자.

사람들에게 이 사진을 보여주고 뭐하는 곳인지 물으면, 아마 미술 전시장이라고 답할 것 같다. 이 사진 한 장으로도 젠틀몬스터가 '안경'을 어떻게 보고 있는지를 알 수 있다. 최소한 그냥 시력 보정용 도구 정도로 치부하지 않는다는 것만은 분명해 보인다. 간판을 비롯해 온갖 광고 포스터와 렌즈 가격표가 덕지덕지 붙은 흔한 안경점과의 차이가 뚜렷하다. 여기에는 간판도, 정확히 무엇을 하는 곳인지에 대한 설명도 없다. 한 가지 분명한 건, 보통의 안경점은 안경이나 렌즈 등을 살 때가 아니면 들어갈 일도 없고 딱히 들어갈 기분이 들지도 않는 반면, 젠틀몬스터 매장은 이곳을 지나는 사람을 끌어들이는 강력한 흡입력이 있다. 그리고 이 흡입력은 차별화된 디자인과 예술의 힘에서 나온다. 젠틀몬스터의 내부도 뚜렷한 차이가 있다.

그전까지의 안경점들이 내부에 커다란 유리진열대를 잔뜩 늘어놓고 그 안을 딱히 껴보고 싶지도 않은 상품들로 가득 채운 것과는 확연히 다르다. '하나라도 더 많은' 제품을 진열하느라 오히려 보는 것만으로도 현기증이 날 정도였던 이전의 안경점들을 비웃기라도

젠틀몬스터 홍대 플래그십 스토어 매장 내부 ⓘ 사진출처 젠틀몬스터 공식사이트

하듯 젠틀몬스터 플래그십 스토어에는 충분한 여백이 있다. 다른 안경점처럼 많은 상품을 '진열'하고자 노력한 것이 아니라, 전시회 장에서 예술작품을 보여주듯 '전시'한다.

이것은 젠틀몬스터가 근본적으로 안경을 하나의 예술작품으로 인식하고, 이런 차별화된 컨셉을 보여주는 방법이기도 하다.

젠틀몬스터 홈페이지https://www.gentlemonster.com/store/에서 홍대 플래그십 스토어를 찾아보면 이렇게 소개하고 있다.

"젠틀몬스터의 홍대 플래그십 스토어 'SACRIFICE'는 대지의 신과 그에 대한 의식을 스토리로 담고 있습니다. 정원에서 탄생한 '신의 눈'과 신에게 바치는 제물을 통해 보여지는 의식의 과정을 경험해 보세요."

젠틀몬스터는 안경을 안경이 아닌 패션과 예술 작품으로 해석하고 그 안에 스토리를 녹여낸 것이다. 그렇기에 이들에게는 매장 또한 '사고 파는 곳'이라기 보다는 '체험하고 경험하는 곳'으로의 컨셉이 강하다.

내가 젠틀몬스터에 열광하는 이유는 또 있다. 젠틀몬스터는 내가 오래 전부터 그렇게도 목말라 하던 '개성 있는 안경 디자인'을 실현했기 때문이다. 생각해보면 당연한 일이다. 아무 안경이나 가져다 놓고 예술작품처럼 전시를 해봐야 사람들의 호응을 얻을 수 있겠는가? 젠틀몬스터는 수많은 유명 아티스트 또는 디자이너들과의 협업으로 안경을 예술작품이자 패션 디자인 상품으로 끌어올렸다.

사실 젠틀몬스터의 가격대는 기존 안경들에 비해 매우 고가라 할 수 있다. 그럼에도 젠틀몬스터는 완전히 자리를 잡은 것은 물론이고 해외에서도 뜨거운 관심을 받았으며 현재 미국과 영국, 중국, 홍콩, 타이완, 싱가포르 등을 비롯해 여러 나라에 진출하는 데 성공했다.

만약 젠틀몬스터가 기존 안경점들처럼 '더 다양한 종류의 제품과 저렴한 가격으로 경쟁하겠다'는 전략을 취했더라면 결코 이루지

'헨릭 빕스코브'와 협업한 펜슬글라스, 매치스글라스
사진출처 젠틀몬스터 공식사이트

못했을 성과다. 기존 시장이 놓치고 있는 것, 차별화가 뚜렷한 컨셉을 찾아 제대로 구현해냈기에 가능한 결과이기도 하다.

'이 제품은(공간은, 서비스는) 이런 형태나 컬러여야만 해'라는 선입견과 편견을 잠시 내려두고 주류에서 벗어난 컨셉을 시도해보자.

'더하기'보다 '빼기'에 집중해본다

'차별화'라고 하면 새로운 무엇을 더하는 데 집중하기 마련이다. 하지만 이 또한 선입견일 수 있다. 기존에 가지고 있는 기능을 없애거나 줄이는 것도 훌륭한 차별화 방법이다. 이 또한 오히려 연결고리를 끊거나 느슨하게 한다는 점에서 '연결'에서 벗어난 것은 아니다.

줄이고 줄여서 가장 잘하는 것 하나에만 집중해 경쟁력을 끌어올리는 방법은 매우 효과적일 때가 많다. 누구나 시간과 예산은 한정적이기에 하나에 집중할수록 더더욱 힘이 생기기 때문이다. 이는 제품에 있어서도 마찬가지다. TV를 보려고 리모컨을 들 때면 어지럽기까지 하다. 이 작은 덩어리 안에 수십 개의 버튼이 있다. 하지만 정작 내가 쓰는 버튼은 5~6가지에 불과하다. 전원 버튼, 음량 조절 버튼, 채널 조절 버튼, 여기에 기껏해야 음소거 버튼 정도만 있으면 나는 족하다. 그래서 리모컨을 들 때마다 그 외의 버튼들은 모두 없앴으면 좋겠다는 생각이 든다.

우리 주위에는 필요 이상의 다양한 기능을 가진 제품이 많다. 그 기능들이 유용하다면 물론 좋겠지만, 때때로 고객들은 그런 기능을 필요로 하지 않는 경우도 많다.

아마존amazon.com에서 전자책 리더reader 기계인 킨들kindle을 출시한다고 했을 때, 많은 사람이 쓸데없는 짓이라고 여겼다. 당시 애플과 삼성전자 등을 필두로 한 태블릿PCtablet PC 시장이 한창 성장하던 상황이었다. 그야말로 PC의 기능을 대체하는 태블릿PC에 비해 킨들은 전자책을 저장하고 읽는 것 이외의 용도가 없었으니 사람들의 우려도 당연했다. 하지만 결과적으로 킨들은 큰 성공을 거두었다. 약점이라 여겼던 부분, 전자책 전용이라는 점이 강점이 된 것이다. 여러 가지 기능을 담을 필요가 없으니 태블릿PC에 비해 훨씬 저렴했고, 전자책 시장이 커지던 시점이라 '헤비 리더heavy reader'라 할 수 있는 독자들은 환호했다.

2014년 출시한 프리젠트 벽시계도 비슷한 경우다. 보통의 벽시계와 달리 이 시계에는 유리 케이스가 없다. 시계 판에는 시간이 적힌 숫자와 시곗바늘뿐이다. 하얀색을 바탕으로 검정 숫자와 시곗바늘로 이루어진 심플한 디자인이다. 이 또한 내가 원하는 친환경 디자인으로, 벽시계를 덮고 있던 유리를 제거함으로써 자원도 줄이고, 제품이 폐기되었을 때 쓰레기도 줄인 격이다. 시계 판은 종이로 만들고, 바늘이 그대로 노출되어져 있어 분리해서 버리기 좋아 재활용에도 유리하다. 유리 뚜껑이 없으니 가볍고, 안전하다. 또한 유리가 앞면을 덮고 있으면 각도에 따라 빛 때문에 시곗바늘이 잘 안 보일 수 있지만, 이 시계는 그럴 일이 없어서 좋다. 이런 여러 강점이 단 두 가지, 재료를 바꾸고(플라스틱이나 철을 종이로 대체), '덜어낸(유리 케이스를 없앤)' 것만으로 이루어진 것이다. 때로는 이처럼 더하는 것이 아니라 빼는 것이 더 효과적일 때가 있다.

앞단에서 '연결'에 대해 많은 이야기를 했지만, 마지막으로 중요한 점을 하나 더 언급하려 한다. 아무거나 연결하기만 한다고 좋은 게 아니라는 이야기다. 예를 들어, 조용한 분위기가 생명인 스터디 카페와 록 음악 공연장을 연결할 수 있을까? 운동하는 데 사용하는 덤벨dumbbell의 재료를 종이로 바꾸는 것이 효과적일까? 어른과 아이가 함께할 수 있는 공간을 기획한다고 키즈카페와 술집을 합치는 것이 좋은 방법일까?

제대로 '연결'하려면 본질끼리 서로 통하는 것이 있어야 하고, 이는 사용자와 시장에 대한 이해를 바탕으로 한다. 이 부분에 대해서는 4장에서 다시 이야기하겠다.

관점을 바꾸면
약점도 강점이 된다

샌드위치 가게가 성공하려면 어떻게 해야 할까? 기본적으로 맛이 있어야 한다. 그다음은? 아마도 보통은 목 좋은 곳에, 가능하면 넓게 지어서 운영하는 것이 유리하다고 생각하지 않을까? 하지만 재플슈츠는 그중 어느 것도 갖추지 못했다. 매장은 건물 7층에 있고, 심지어 테이블도 없다. 7층이니 샌드위치 한번 사려면 7층까지 가야 하고, 테이블이 없으니 매장에서 먹는 것도 불가능하다는 뜻이다. 그럼에도 이곳은 성공했고, 세계적으로 이슈가 됐다. 호주 멜버른의 재플슈츠Jafflechutes 이야기다.

사실 재플슈츠의 성공 비결은 그 이름에 잘 드러나 있다. 호주식으로 재플Jaffle은 샌드위치, 슈츠Chutes는 낙하산을 뜻한다. 말하자면 '낙하산 샌드위치'인 셈이다. 그리고 이름 그대로 재플슈츠는 주문이 들어온 샌드위치를 소형 낙하산에 달아 7층에서 떨어뜨린다.

이들은 매장이 7층에 있다는 단점을 오히려 '기회'로 삼았다. 직접 와서 주문하기 힘들 테니 인터넷으로 미리 주문을 하도록 하고, 약속된 시간에 샌드위치를 작은 낙하산에 달아 내려보낸다. 손님들은 자기 차례가 되면 건물 앞에서 대기하고 있다가 하늘거리며 내려오는 샌드위치를 받는다. 아무래도 이리저리 흔들리다 보니 다른 곳에 걸리기도 하고, 놓칠 때도 있다. 그럼에도 주위에서 구경하는 다른 손님들은 물론이고 주문한 당사자도 깔깔대며 웃기 바쁘다. 돈을 내고 고생하는 꼴일 수도 있지만, 사람들은 이것을 재미로 생각한다.

부산에 정착한 이후, 늘 새로운 것을, 늘 보고 싶어 하는 일종의 직업병 때문인지 부산의 좋다는 곳은 빠지지 않고 돌아다녔는데, 그중에서도 내가 유독 좋아하는 공간이 있다. 바로 F1963이다.

고려제강은 1963년 부산 수영구 망미동에 처음 공장을 짓고 2008년까지 45년 동안 와이어로프Wire Rope를 생산했다. 이 공장은 수명을 다해 철거될 운명에 놓였지만, 결국 옛 공장의 건축 틀을 유지한 채 새롭게 리모델링되어 지금은 'F1963'이라는, 부산의 대표적인 복합 문화공간으로 거듭났다. F1963의 F는 공장Factory을, 1963는 설립연도를 뜻한다. 이 부지는 2016년 9월에는 부산비엔날레 전시장으로 사용되기도 했고, 이때를 기점으로 이 공간은 전시장, 카페, 도서관, 온실 식물원 등을 갖추고 시민과 예술인들이 소통하는 대표적인 복합 문화공간으로 활용되고 있다.

샌드위치를 낙하산으로 내려보내는 직원과 이를 기다리는 손님들
🅞 사진출처 springwise, Awesome Without Borders

내가 이곳을 좋아하는 여러 가지 이유 중 하나는 과거의 공장 모습을 그대도 간직한 건축물과 공장의 역사적 흔적을 고스란히 담아내고 있는 인테리어 때문이다. 건물 외관은 물론 내부 곳곳에서도 로프와이어 공장이었던 당시의 모습을 찾아볼 수 있는데, 그 하나하나를 재해석해 아름다운 인테리어로 소품으로 활용하고 있다. 벽과 천장을 연결한 로프와이어들, 낡고 거친 기계들, 공장에서만 볼 수 있는 묵직한 철판과 철재 도구들, 오래된 가죽과 나무의 자들. 옛 공장의 흔적을 간직한 바닥은 조경석과 디딤돌로 재탄생했고, 공장 지붕을 받치던

나무 트러스는 사람들이 편히 쉴 수 있는 벤치로 다시 태어났다. 내가 이곳을 좋아하는 가장 큰 이유가 바로 이것이다. '낡은 것'으로 치부해버리기 쉬운 옛것들에 담긴, 소중한 가치를 현대적으로 재해

부산의 핫플레이스 F1963의 외관 ⓘ사진출처 강범규

석해 다시 우리 품으로 가져다주었다는 것. 나는 F1963에 갈 때면 옛 건물과 물건들이 내게 '오래된 것'만이 품을 수 있는 깊이 있는 정취와 긴 세월 동안 보고 듣고 겪은 것들을 이야기해주는 느낌을

위_ 부산의 핫플레이스 'F1963'의 내관　⭘ 사진출처 강범규
아래_ 부산의 핫플레이스 'F1963'의 내관　⭘ 사진출처 F1963 공식홈페이지

받는다.

　물론 F1963은 규모가 있는 기업에서 운영하는 곳인 만큼 넓은 부지와 자금력을 바탕으로, 유명 건축가(조병수)와 인테리어 디자이너를 고용해 만든 공간이다. 하지만 개인이 운영하는 작은 공간에서도 유사한 사례를 얼마든지 찾아볼 수 있다. 협소함과 허름함이 오히려 그 가게의 '전통과 역사'를 말해준다고 믿는 '원조 맛집'들이 그런 경우다. 건물 임대료가 치솟으면서 최근에는 테이블이 3~4개밖에 들어가지 않는 협소한 공간에 식당을 차리는 사람도 늘고 있다. 특히 자금력이 부족한 젊은 층이 이런 곳을 주로 여는데, 많은 손님을 받을 수 없기에 대기 시간을 줄이고자 100% 예약제로 운영하기도 한다. 대체로 SNS를 통해 예약을 받는데, 그 와중에 입소문을 타면서 예약이 폭주하는 곳도 있다. 가게가 좁기에 더 정겨운 느낌도 있고, 예약 가능한 인원도 한정되어 있기에 예약에 성공하면 뿌듯하기도 하다. 뭔가 특별한 사람이 된 느낌도 들 것이다. 운영하는 사람 입장에서도 수용 가능한 손님을 꽉 채워 받을 수 있고, 재료의 낭비가 없으며, 임대료도 아낄 수 있다.

프리젠트

프리젠트도 어떤 면에서는 약점이라 말한 부분을 오히려 강점으로 살린 공간이라 할 수 있다. 내가 조용히 작업할 공간과 카페를 짓기로 마음먹은 후 1년 넘게 바닷가 근처를 중심으로 부산 이곳저곳을 돌아다녔음에도 마음에 드는 땅을 찾지 못했다. 그러던 중 지금의 프리젠트가 있는 곳 일대를 둘러보고는 마음에 쏙 들었다. 구매 가능한 땅이 있고 가격만 적당하다면 구매하고 싶었다. 골목 안쪽의 아주 작은 '복덕방'이 하나 있어서 들어가 물어보았다. 나이 지긋한 복덕방 사장님은 "있긴 한데, 비싸서 안 나가는 땅이야"라고 하셨다. 그런데 막상 들어보니 가격이 주변 시세의 절반 정도밖에 되지 않았다.

"자연녹지 용도라서 건축물이 대지의 20%를 넘기면 안 돼."

그 말을 듣고서야 나는 어째서 이 땅이 비싸다고 한 이유를 알았다. 하지만 나는 바로 이 부분이 마음에 들었다. 어차

넓은 야외 테라스 공간까지 카페 공간으로 확장한 프리젠트 카페 ⓒ사진출처 강범규

피 '자연'을 컨셉으로 녹지를 충분히 가진 공간을 만들고 싶었기 때문이다. 나는 바로 그 땅을 샀고, 내가 좋아하는 건축가(고성호)를 찾아서 내가 원하는 컨셉의 건축물을 지었다.

이 땅의 20% 안에서만 건축 행위가 가능한 제약이 있었지만, 카페는 어느 정도의 공간과 테이블 수가 확보되어야만 운영 수익 확보가 가능하다. 이러한 딜레마는 고성호 건축가가 해결했다. 외형적으로는 대지의 20%를 훨씬 넘는 크기에 3층으로 지었지만, 건축물 중간의 테라스 공간과 세미나실에 붙어 있는 정원, 2층에 있는 내 개인 작업 공간인 스튜디오의 정원은 모두 천정이 없다. 즉 하늘을 향해 열려 있다. 이렇게 할 경우 그 공간들은 건축면적 계산에서 제외됐다. 게다가 지하 역시 얼마나 넓게 활용하건 이 20%에 해당하지 않아 사무실 공간도 넉넉하게 확보하게 되었다.

프리젠트는 인근에 경쟁 카페도 많고 산 초입의 비탈길에 있어 찾아오기도 쉽지 않은 공간이다. 그럼에도 자연친화적인 컨셉을 좋아하는 많은 손님이 찾아오고 있다. **남들이 모두 기피하는, 그래서 1년 넘도록 팔리지 않았던 도심 속의 자연녹지 땅, 즉 약점이라 여기는 '건축면적이 대지의 20%를 넘지 말아야 한다'는 점을 오히려 내가 원하는 '자연친화적인' 공간의 강점으로 만든 것이다.** 그것도 주변 다른 땅과 비교해 절반도 안 되는 가격에 매입한 땅으로 말이다.

보통은 약점을 강점으로 살리는 것보다는 강점을 더욱 강화하는 전략이 비용과 에너지, 심지어 효과에서도 더 좋다. 그래서 나도 대체로 강점을 강화하는 전략을 선호한다. 하지만 때로는 약점이 강점으로 탈바꿈될 수 있음도 잊어서는 안 된다. 관점을 바꾸면 약점도 강점이, 그것도 매우 강력한 강점이 될 수 있기 때문이다.

결국, 모든 것은
즐거워야 한다

왜 디자이너와 같은 안목을 가져야 하는지, 그런 안목은 어떻게 갖출 수 있는지, 이를 활용할 수 있는지를 이야기했다. 이제 그 마무리로 어쩌면 가장 중요할 수도 있는 이야기를 하려 한다. 그것은 일을 '즐겨야' 한다는 것이다. 특히 디자인 분야는 더욱 그렇다.

난 17년간 대학에서 디자인을 가르쳤다. 그리고 많은 석·박사 학생들의 지도교수이기도 했다. 디자인 분야에 국한된 이야기는 아니지만, 좋은 정규대학 교육만 좋은 디자이너를 육성하는 것은 아니다. 우리가 말하는 명문대학을 나왔다고 디자인을 잘하는 것도 아니다. 그럼에도 사람들은 여전히 대학 간판으로 예비디자이너를 평가하기도 한다. 비단 우리나라만의 문제도 아니다.

앞서 말한 대로 폴로 랄프로렌을 창업한 랄프 로렌은 대학에서의 전공은 디자인이 아니었다. '코코 샤넬'이라는 이름으로 더 유명한 가브리엘 샤넬Gabrielle Chanel은 어떠한가? 패션산업의 대표적인 브랜드 '샤넬'을 창시한 그녀 역시 정규 디자인 교육을 받은 적이 한 번도 없었다. 그녀는 공장에서 옷의 박음질만 하던 직공이었다. 오랫동안 브라운Braun 사社의 최고 디자인 책임자를 역임한 20세기 제품 디자인의 거장이자 살아 있는 전설이라 할 수 있는 디터 람스도 대학에서 제품 디자인을 공부하지는 않았다.

이들은 그저 아름다운 디자인을 좋아하고 디자인 작업 자체를 즐긴 것뿐이다. 물론 즐긴다고 해서 누구나 그들처럼 세계적인 디자이너가 될 수 있는 것은 아니다. 하지만 최소한 '남들 하는 대로 따라 하는' 사람이 아니라 뭔가 다른, '낡은 것도 새롭게 보는' 디자이너의 안목을 갖추는 것은 가능하다. 그리고 이런 부분은 정규 교육이 책임져줄 수 없다. 창의란 교육보다는 즐기는 사람에게 찾아오는 것이기 때문이다.

30대 초반 영국 유학 시절, 나는 유럽의 여러 도시를 여행했다. 런던, 파리, 밀라노, 바르셀로나, 취리히, 프랑크푸르트, 잘츠부르크 등 대도시는 물론, 틈틈이 럽보르, 코모, 작은 시골마을도 다녔다. 대도시에는 대도시대로, 작은 시골마을은 시골마을대로 여행의 재미가 달라서 좋았다. 시골은 자연 특유의 편안함과 서정적인 아름다움, 바쁜 일상에서 잊고 지냈던 '느림의 행복'을 가르쳐주었다. 대도시는 건축물과 박물관, 공연 등 볼거리가 다양했다. 특히 런던과 파리, 밀라노 같은 대도시의 길거리 상점가를 둘러보는 것만으로도 좋은 디자인들을 마음껏 볼 수 있어서 좋았다. 매장 안으로 들어가 보면 실내 인테리어 역시 지역과 장소에 따라 각양각색이어서 늘 볼거리가 많아서 좋았다. 그리고 매장마다 자신들의 컨셉에 맞춰 서로 다른 인테리어와 소품을 갖추고 있었는데, 대부분 해당 브랜드의 컨셉을 잘 드러내면서도 깔끔한 멋이 있었다. 매장과 진열대를 채운 상품의 디스플레이도 남달라 어디 하나 더하거나 빼고 싶은 충동이 느껴지지 않을 때도 많았다.

이런 유럽의 대도시 명품 상점가를 볼 때면 나는 항상 감탄 섞인 의문이 들었다.

"이곳의 상점가는 어떻게 하나같이 세련되고 멋진 걸까? 여기서 일하는 사람들은 모두 디자인 교육을 받은 걸까?"

그건 아니었다. 하지만 나는 고민 끝에 나름의 결론을 내렸다. 그곳 사람들은 어려서부터 좋은 디자인을 많이 보면서 자라왔고, 그 자체를 즐길 수 있게 된 것이다.

유럽인들은 좋은 디자인과 아름다운 것들, 옛것과 오늘날의 조화로운 건축이나 물건들을 접할 기회가 일상에 널려 있다. 우선 유럽의 도시들은 도심 곳곳에 무료로 들어가서 볼 수 있는 박물관과 미술 전시관이 많다. 전시를 접하는 것이 삶에 녹아 있는 셈이다. 또한 홈파티Home Party를 비롯한 사교 모임이 많다. 나도 종종 초대를 받았는데, 티파티Tea Party에 초대받아 가보면 간단한 과자 몇 개와 차茶 정도만 준비한 채 손님을 집에서 맞는다. 집에 사람 한 번 초대하면 무리를 해서라도 상다리가 휘어지게 식사를 준비하기 일쑤인 우리나라와는 달리 이곳 유럽에서는 가벼운 파티가 성행하고 있었다. 그래서 사람들을 자주 집에 초대하다 보니 자연스럽게 집안의 인테리어나 가구, 소품에 신경을 쓸 수밖에 없었을 것이다. 손님들도 여러 곳에 초대받아 다니면서 다양한 것들을 보게 된다. 그러니 유럽에서는 집에서 사용하는 생활용품을 포함한 인테리어 소품 디자인이 발전하는 데 유럽의 파티 문화도 한몫했다고 본다. 그리고 이런 잦은 파티 문화가 인테리어 디자인 산업뿐만 아니라 패션산업 발전에도 큰 기여를 했다고 본다.

나는 여행할 때만이 아니라 디자인 프로젝트를 진행할 때도 백화점과 전시회장을 자주 찾는다. 물론 다양한 것들을 보고 접하기 위해서인데, 이때도 제품 보는 나만의 방식이 있다. 백화점이든 전시회든 워낙 많은 그리고 다양한 볼거리가 있기에 한 번 봐서는 모든 것을 기억할 수는 없다. 그래서 나는 전시장을 둘러볼 때 하나의 테마를 정해서 그 주제만을 보면서 전시장의 상품을 둘러본다. 그리고 그 테마를 바꿔 가면서 같은 전시장을 여러 번 둘러보는 방법이다.

매종오브제 전시회를 보고 찾은 파리의 쁘렝땅 백화점

📷 사진출처 강범규

예를 들면,

"처음에는 제품들의 형태를 본다."

"이번에는 컬러만을 본다."

"이번에는 그래픽 디자인만을 본다."

이런 식으로 구체적이고 명확한 목적을 가지고 전시장을 둘러보면 전시장의 구슬 사냥이 훨씬 쉽고 즐겁다. 좋은 음악을 듣거나 좋은 영화를 보면 즐거운 것처럼 좋은 디자인을 보는 것 자체를 즐기는 것이다. 그리고 디자이너에게는 그게 바로 공부다. 디자인 공부는 절대로 책상에서만 할 수 없다.

디자인은 지금 존재하는 어떤 것을 다른 것으로 바꿔내는 작업이다. 그 시작은 새로운 것을 제안하기 위한 상상을 즐기는 것이다. 이것저것 바꿔볼 심상으로 즐거운 궁리가 이어져야 한다. 물론 디자인 프로젝트의 시작 단계에서는 아이디어의 빈곤으로 허우적거릴 때가 많다. 그때는 답답하다 못해 고통스럽기까지 하다. 하지만 천국과 지옥을 오가듯 즐거움과 고통 사이를 오가다 보면 불현듯 좋은 아이디어가 떠오르는데, 그때의 쾌감은 이루 말할 수가 없을 정도다.

디자이너가 아니더라도 창의적인 무엇을 만들어내려면 희로애락을 모두 겪을 수밖에 없다. 하지만 힘든 순간에도 이런 희로애락의 과정을 담담하게 받아들이고 즐기려 노력해보자. 새로운 상상을 즐기고, 좋은 아이디어가 떠오르면 유레카를 외치며 마음껏 기뻐하

자. 디자이너에게 또는 디자이너의 안목을 훔치고 싶은 사람에게 일은 놀이어야 한다. 그래야 일도 잘되고 삶도 즐겁다. 우리가 하는 모든 것은 행복하기 위함이고, 즐거움은 행복의 가장 직접적인 증거 아니던가!

같은 것도
더 좋아 보이게
만드는
디자이너의
표현법

04

같은 것도
더 좋아 보이게
만드는
디자이너의
표현법

잘 디자인된 공간은 들어서는 순간 '뭔가 다르다'는 느낌을 받는다. 실물 공간이든 온라인상의 공간이든 마찬가지다. 그런 곳은 입구부터 공간 전체, 구석구석의 디테일까지 하나의 스토리 위에서 일관된 컨셉을 유지하고 있다.

그리고 무심한 듯 선택하는데도 세련된 옷, 세련된 공간, 세련된 소품을 잘 찾아내는 사람을 본 적이 있을 것이다. 조금 과장해서 말하자면, 그런 사람의 십중팔구는 디자인 관련 종사자이거나 적어도 디자인에 무척 관심이 많은 사람이다. 그럴 때면 "어쩐지!"라며 고개를 끄덕거리게 된다.

그렇다. 우리는 은연중에 알고 있는 것이다. 디자이너의 안목은 남다르다는 것을, 그리고 그 안목이 평범함보다 한 단계 위에 있다는 것을, 그런 안목을 통해 보다 뛰어난 비주얼로 표현해낸다는 것을.

지금까지 그런 안목을 갖는 방법을 이야기했다면, 이제 한 걸음 더 나아가 디자이너가 어떻게 비주얼로 표현하는지, 그러기 위해 알아야 할 것들은 무엇인지를 이야기해보려 한다. 같은 것을 가지고도 디자이너는 어떻게 남다르게 보여주는가 하는 바로 그 '최후의 한 수'를 지금부터 살펴보자.

라면집도
디자이너가 하면 다르다

가장 아랫단에
대한 이해

디자인은 기본적으로 문제를 찾아내 해결하는 것, 그 문제 해결의 결과물을 비주얼로 표현하는 것이다. 또한 디자이너는 차별화된 아이디어로 새로운 가치를 만들고 이를 시각적으로 표현하는 사람이다. 그러기 위해 많은 구슬을 모아야 하고, 안목을 키워야 하며, 낡은 것에서도 새로운 것을 찾아내는 창의성이 필요하다고 했다. 하지만 그것만으로는 부족하다. 또 하나 중요한 것은 어떤 문제를 해결하기 위해서는 '가장 아랫단에 대한 이해'가 필요하다. 그 가장 아랫단은 결국 사람, 우리가 만들어내고자 하는 제품을 사용하는 사람의 니즈needs와 원츠wants를 알아야 한다. 그리고 그 제품의 사용 환경과 기존의 경쟁 제품들에 대한 이해가 바탕이 되어야 한다. 디자이너라면 결코 놓쳐서는 안 되는 것들로, 이에 대한 충분한 이해가 있어야만 좋은 디자인을 할 수 있다.

니즈need 데이터는 거짓말을 하지 않는다

20세기 들어 기술의 발전과 더불어 우리가 사용하는 모든 도구는 엄청난 개선이 이루어졌다. 전에는 손으로 못을 박았지만, 이제는 전동망치가 박아준다. 심지어 이제는 사람을 대신해 못을 박아주는 AI 로봇까지 생겨났다. 일본의 무인양품無印良品, MUJI은 이제 집도 제품처럼 판매하고 있다. 집을 조립식으로 설계해 적당한 장소로 가져간 후 조립해서 만든다. 한옥도 아예 완제품으로 만들어 판매하기도 한다. 세탁기와 건조기, 청소기 등이 개발되면서 집안일을 하는 시간은 대폭 줄었다. 집안 청소도 자동로봇 청소기가 알아서 한다. 이런 발명들은 일상의 반복되는 가사일에서 인간을 해방시킨 대표적인 공로자가 됐다. 장거리 여행은 일반 기차에서 고속기차나 비행기로 대체되고 있다. 물건 배달도 드론이 하는 시대다. 과거에는 없던 새로운 IT제품 개발로 매일 헤아릴 수 없는 정보를 실시간으로 받아보고 있다. 스마트폰이 개발되면서 웹서핑부터 제품 구입, 기차나 비행기표 예약, 호텔은 영상으로 먼저 방문해본 후에 예약한다.

이처럼 기술이 진화에 진화를 거듭하면서 일상은 더욱 편리하고 쾌적해졌다. 이제 모든 제품에 더 이상 진화할 부분이 있을까 싶을 정도다. 하지만 장담하건대, 이 모든 것들은 또 다시 개선되고 더 발전해 새로운 제품이 기존 제품을 대체할 것이다. 지금도 전 세계 수많은 기업과 사람들이 불철주야 노력하고 있는 이유가 무엇이겠는가?

그렇다면 지금보다 무엇을 더 개선하고 발전해나가야 할까? 너무 뻔한 이야기지만, 그 답은 대중에게서 찾을 수 있다. 그들이 지금 사용하는 제품과 서비스에 어떤 불편함을 느끼고 있는지, 즉 사람들의 '니즈needs'가 무엇인지를 알아내는 것이다. 무슨 일을 하건 고객, 소비자 입장에서 서보는 것이 가장 기본임은 누구나 알지 않는가. 물론 이는 공간에도 똑같이 적용된다. 그 공간의 불편함, 문제점을 가장 잘 알고 있는 사람은 그 공간 사용자다. 그래서 디자이너는 사람을 공부하고 사용자와 직접 접촉해야 한다. 인터뷰나 영상 촬영, 설문조사 등을 행하는 것도 모두 그런 목적이다.

하지만 가장 중요한 것은 디자이너가 개선하고자 하는 그 제품을 직접 장기간 사용해보는 것이다. 정확한 문제점과 통찰을 찾는 방법 중 직접 경험보다 좋은 방법은 없다. 또한 수많은 사용자들이 남긴 흔적인 빅데이터Big Data에 관심을 가져야 한다. 영화《살인의 추억》에 나온 대사가 생각난다.

"이것 봐요, 서류는 거짓말 안 한다니까요!"

데이터는 그 사람과 집단을 이해하는 데 좋은 단초를 제공한다. 특히 '4차 산업혁명 시대'에는 빅데이터가 사람의 마음을 읽은 가장 객관적이고 신뢰성 있는 현미경으로 여겨질 것이다.

한 개인이 몇 시에 어디를 방문해서 무엇을 사고 무엇을 먹었는지 등의 데이터를 수십만에서 수백만, 수천만 명에 이르도록 모아 실시간으로 분석하여 보여주는 게 가능해졌으니까. 이제 "열 길 물속은 알아도 한 길 사람 속은 모른다"는 말은 옛말이다. 사람의 마음도 빅데이터라는 현미경을 통해 들여다보는 시대가 왔다.

원츠Wants 개인의 페르소나, 집단의 페르소나

디자인은 욕망을 채워주는 작업이다. 그러나 사람의 욕심이란 끝이 없다. 원하던 지위에 오르거나 그토록 가지고 싶었던 것을 손에 넣으면 충만한 행복감을 느끼지만, 이는 잠시일 뿐이다. 머지않아 또 다른 욕망에 휩싸인다. 욕망과 욕심이 꼭 나쁘다고는 할 수 없다. 이는 인간의 자연스런 감정이기도 하고, 한편으로는 이런 욕망이 우리 사회와 과학 기술을 발전시키는 원동력이 되었으니 말이다.

사람들은 좋은 물건과 쾌적한 공간, 자신의 명성과 취향을 보여줄 수 있는 제품과 공간을 원한다. 그리고 누구나 스스로가 바라보는 자아가 있고, 이와 달리 타인에게 보이고 싶은 자아가 있다. 즉, 자신이 생각하는 '진짜 자신'과 남에게 '이런 사람으로 보이고 싶은 자아'가 공존한다. 나 역시 실제로는 수줍음이 많고 내향적이라 사람들 앞에 나서는 것이 두렵지만, 이를 숨기고 자신감 넘치는 사람으로 비추고 싶어 한다. 이렇듯 남에게 보이고 싶은 모습으로 살아가는 것을 '페르소나'라고 하는 일종의 가면을 쓰고 사는 삶에 비유한다. 본연의 자신의 생겨 먹은 모습으로 사는 것이 아니라 자신이 추구하는 이상적인 모습을 연출하며 산다는 것이 꽤 불편한 일이다. 그러나 대부분의 일이 그렇듯 이런 노력이 지속되다 보면 타인에게 보여주고자 했던 이미지에 맞게 자신도 서서히 변화하기도 하니 꼭 부정적으로 볼 일은 아니다.

디자이너는 사람들의 이런 '페르소나적인 자아'에 주목한다. 그게 바로 그 사람의 욕망이기 때문이다. 그 욕망이 채워질 때 사람들은 행복해한다. 그렇기에 대중이 느끼는 욕망이 무엇인지 이해하고 공감하는 것이 중요하다. 세상에는 **사람들이 '필요로 하는**needs**' 제품은 넘쳐나지만, 사람들이 '욕망하는**wants**' 제품은 턱없이 부족하다.** 사람의 욕망이란 끊임없이 변화하고 더더욱 커져 가기 때문이다.

사람 라이프 스타일을 보면 그 사람이 보인다

디자인 결과물의 사용자는 사람이다. 그래서 사람에 대한 이해가 필요하다. 이때 예술가가 아닌 디자이너의 시각을 가지는 것이 중요하다. 같은 것을 보고 표현하더라도 예술가와 디자이너는 접근 방식부터 표현 방법, 그 과정과 결과까지 모두 다르다. 그리고 일반적으로 자신의 위치에서 역량을 발휘하거나 지금 하는 일에서 더 큰 성과를 거두고 싶다면 예술가들의 창작과정보다는 디자이너들의 창작과정을 이해하는 것이 대체로 더 도움이 된다.

예술가는 자신의 생각과 감정을 표현하는 데 주력한다. 반면 디자이너는 본인보다는 다른 사람, 특히 사용자의 생각과 기호를 알아내서 그들을 만족시키기 위한 노력을 한다. 물론 디자이너 역시 자신의 생각(철학)과 취향을 반영하지만, 더 무게를 두는 부분은 타인의 취향저격이다. 자신이 아닌 타인을 만족시키는 데 더 초점을 맞추고 있다. 즉, 디자인 과정은 자신의 철학과 취향을 잘 녹여내 고객의 취향에 접목시키는 과정이라 할 수도 있다. 물론 세계적인 디자이너 중에는 예술가의 기질이 강한 사람들도 있는데, 이들은 대중적인 디자인 트렌드를 따르는 것이 아니라 자신만의 트렌드를 만들어낸다. 만약 그런 일에 도전해보고 싶다면 그것도 좋다. 하지만 이것만은 알아야 한다. 안타깝게도 그 정도의 천재는 전 세계를 통틀어도 1년에 몇 명 나올까 말까 한다는 사실을.

타인의 취향을 충족시키려 할 때의 문제는 십인십색十人十色이라는 말처럼 사람마다 개성과 취향이 다르다는 것이다. 이런 취향

그림을 그리는 예술가의 사진과 설계를 하고 있는 디자이너의 사진

📷 사진출처 unsplash(좌), 클립아트코리아(우)

의 문제는 살아가는 지역, 성별 등에 따라 다르기도 하지만 꼭 그렇지만은 않다. 중년 남성이 주로 20대가 좋아하는 옷을 좋아할 수도 있다. 실제로 상당수의 중년 남성이 20대의 취향을 겨냥해 만든 브랜드의 옷을 입는다.

그래서 마케팅에서는 인구통계적인 기준 외에도 경제력이나 직업, 심지어 가족관계 등 다양한 기준으로 소비자를 분류하지만, 이런 구분들이 큰 의미가 없을 때도 많다.

나는 학생들에게 사람, 특히 소비자를 관찰할 때는 그들의 라이프 스타일에 집중하라고, 그중에서도 그들의 감성과 취향에 관심을 가지라고 강조한다. 그들이 좋아하는 공간과 물건이 무엇인지를 유심히 관찰하라는 의미다. 사람은 자신의 취향과 감성을 살아가는 공간과 즐겨 찾는 공간, 소유물 등을 통해 표현하기 때문이다. 넓고 모던한 감각의 카페를 좋아하는지 아니면 빈티지 스타일의 카페를 좋아하는지, 스포츠카를 좋아하는지 아니면 SUV나 세단을 좋아하는지 등에 취향이 묻어난다. 특히 패션은 그 사람의 취향과 감성을 읽어내기에 가장 좋은 소재다. 특정 브랜드의 옷을 즐겨 입는 사람이나 소비층이 많은데, 이때 각 브랜드는 다양한 '컨셉을 판매'하는 것이고 소비자들은 그 컨셉을 소비하는 셈이다. 즉, 브랜드 컨셉은 곧 그 사람이 타인에게 보여주고 싶어 하거나 추구하는 삶의 방식을 담고 있다.

또한 소비자가 시간과 돈을 어디에 쓰는지 관찰하는 것도 중요하다. 시간과 돈을 많이 지불하는 대상이 곧 관심사이자 그들의 취향을 대변하는 것이다. 누군가는 운동을 하는 데, 다른 누군가는 자기개발에 시간과 돈을 쓴다. 또 다른 누군가는 가족과 여가로 많은 시간을 보내기도 한다. 반면 집은 잠자고 아침을 해결하는 곳 정도로 여기고 대부분의 시간을 밖에서 사업에만 집중하는 사람도 있다. 이처럼 시간과 돈의 흐름을 추적해보면 그 사람을 이해하는 좋은 단초가 된다.

디자이너처럼 보고 생각하고 표현하고 싶은 사람이라면, 타깃 소비자를 정하고, 그들의 감성과 취향, 그들이 추구하고 욕망하는 라이프 스타일을 잘 이해해야 한다. 그렇기에 디자이너들이 습관적으로 사람들을 관찰하고 다니는 것이다. 내가 추천하는 방법은 다양한 잡지를 보는 것이다. 잡지는 각 분야 전문 기자들이 선별한 양질의 정보와 트렌드가 담겨 있어 적은 시간과 비용으로도 트렌드를 파악하는 데 효과적이다. 물론 어떤 잡지를 볼 것인가를 잘 판단해야 하지만 말이다.

공감sympathy 소비자의 욕구를 느끼고 감지하는 힘

공감 능력이 중요하다는 말이야 더 할 필요도 없을 것이다. 특히

요 몇 년간은 공감 능력이 뛰어난 사람들이 각 분야에서 성공적인 지위에 오르고 있다. 그 증거 중 하나가 남성에 비해 공감하는 능력이 뛰어난 여성들의 성공이 눈에 띄게 늘었다.

이런 공감 능력의 기반은 철저하게 상대의 입장에서 생각하고 그 감정 상태를 잘 느끼는 센싱sensing 능력, 일종의 '감지력'이다. 공감은 곧 그 사람의 입장을 충분히 이해하고 상대와 같은 감정을 느낄 수 있는 상태다. 앞서 사람과 그들의 니즈, 원츠를 잘 파악해야 한다고 했는데, 바로 이 센싱 능력이 있어야 가능한 것이다.

공감대를 형성하기 위해 디자이너들은 많은 사용자들과 이야기를 나누고 사용자와 같은 환경에서 직접 제품을 사용해봐야 한다. 바로 여기가 디자인 작업의 시작이다.

프리젠트에서도 제품 디자인을 할 때는 보통 수십 명의 사용자들과 인터뷰를 한다. 지난 수년간 가장 많이 개발한 제품은 유아용품인데, 유아를 인터뷰할 수는 없으니 인터뷰 대상은 육아를 하는 어머니들이었다. 어머니들이야말로 유아용품의 사용자이자 관찰자이며, 그 제품에 대해 홍보하는 역할까지 1인 3역을 한다.

나는 어머니들이 제품을 사용하는 장면을 사진과 동영상으로 촬영해 여러 번 반복해서 보면서 문제점과 개선점을 찾기도 한다. 가장 많은 시간을 투자하는 게 바로 이 부분이다. 새로운 아이디어나 인사이트를 찾기 위해 몇 달씩 투자하는 경우도 많다. 이런 과정을 오랫동안 반복하다보니, 프리젠트에서 개발한 아기 욕조나 아기 변

프리젠트 프로슈머 활동 – 디자인 개발을 위한 어머님들의 자유로운 브레인 스토밍

기 개발 등은 2년이 넘는 시간이 들기도 했다.

항상 이런 '공감을 위한 몰입'을 강조하고 내가 먼저 그런 모습을 보여서인지, 프리젠트 직원들 또한 자발적으로 소비자의 입장에서 제품을 사용해보는 것을 기본으로 생각한다. 이런 일도 있었다. 2019년 새로운 버블 좌욕기를 개발할 때였다. 여러 사용자를 인터뷰하고 시중에 판매되고 있는 모든 좌욕기를 구매해 직접 사용해보기로 했다. 하지만 아무래도 좌욕기의 특성상 제품 하나로 다 같이 사용해보자고 권하기가 좀 민망해 말도 꺼내지 못하고 있었다. 그런데 개발에 참여한 다섯 명의 디자이너와 심지어 상품기획 담당자까지, 내가 권하기도 전에 회사에 놓아둔 좌욕기를 하나씩 집으로 가져가는 것이 아닌가! 이처럼 직접 제품을 사용해보면서 얻은 정보와 지식은 새로운 제품의 컨셉을 도출하거나 제품 개선을 위한 아이디어를 발굴하는 원동력이 되곤 한다.

그런데 재미있게도, 제품 테스트를 할 때면 같은 정보를 접하고 같은 경험을 하는데도 각자의 센싱 능력에 따라 보는 것도, 흡수하는 정보의 양과 질도 다르다. 센싱 능력이 출중한 디자이너는 소비자가 제품의 어느 기능과 성능을 중요하게 여기는지, 언제 그들의 눈이 반짝반짝 빛나는지 잘 잡아낸다. 심지어 소비자의 목소리 톤만 듣고도 불만과 욕구의 중요도를 구별해내기도 한다.

디자이너나 상품기획자는 항상 소비자를 생각하고 그들 입장에서 느끼고 생각해야 한다. 또한 '소비자 입장에서'의 혁신적인 아이디어가 무엇인지를 찾으려 노력하다 보면 날카로운 센싱 능력과 동시에 따스한 공감 능력이 생겨날 것이다.

'내가 권하기도 전에 회사에 놓아둔 좌욕기를
하나씩 집으로 가져가는 것이 아닌가!'

감성 만족empathy 오감 만족을 넘어

우리는 '오감 만족'이라는 말을 흔히 쓴다. 오감에는 시각, 청각, 후각, 미각, 촉각이 포함된다. 하지만 이제 오감 만족으로는 부족하다. 여기에 느낌과 분위기를 총체적으로 포함한 '감성 만족'까지 더한 '육감 만족'을 추구하는 시대가 되었다.

스포츠카 포르쉐porsche는 설계 단계에서부터 운전자가 도로 표면 상태를 어느 정도 느낄 수 있도록 고려한다. 도로 표면의 진동을 보다 더 철저히 흡수하게 할 만한 기술력이 있음에도 불구하고 약간의 안락함을 내려놓고 운전자가 어느 정도까지는 도로 표면의 진동을 느낄 수 있게 설계하는 것이다.

전기자동차는 상대적으로 조용하다. 자동차 소음이 적으면 마냥 좋을 것 같지만, 문제가 되기도 한다. '스몸비(스마트폰+좀비)족'이라는 신조어가 생겨날 정도로 스마트폰을 보면서 걷는 사람이 많다 보니 자동차가 가까이 오는 데도 모르고 있다가 사고가 생기는 일도 있다. 또한 운전자 입장에서도 이전의 자동차들에 비해 너무 조용하면 오히려 '차가 멈추는 것 아닐까' 하는 불안함을 느끼게 된다고 한다. 그래서 더 조용하게 만들 수 있음에도 운전자가 더 편안함을 느끼도록 약간의 소음이 나도록 설계하는 경우도 있다.

사람들이 명품이나 특정 브랜드를 선호하는 것도 일종의 감성 만족이라 볼 수 있다. 명품이 비싼 이유는 품질 때문만은 아니다. 절반, 때로는 심한 경우 10% 정도의 가격이면 비슷한 품질과 디자인의 제품을 얼마든지 구할 수 있다. 그럼에도 명품이나 특정 브랜드 또는 제품을 구매하는 것은 명품 브랜드가 주는 명성과 위상이라는 감성의 소비로 볼 수 있다. 내가 가지고 있는 제품의 명품 로고가 사람들에게 보여지는 것을 즐기는 것이다. '난 이 정도 제품을 쓸 수 있는 사람'이라는 것을 내보여 은연중에 자신의 경제적 위치 또는 자신의 남다른 취향을 보여주고 싶은 것이다..

다시 말하지만, 오감 만족은 기본이다. 라면집 하나를 하더라도 맛만 좋아서 되는 게 아니라 인테리어부터 집기 하나까지 보기에도 좋아야 하고, 모든 소리가 소음이 아니라 청각을 만족시키는 음악처럼 느껴져야 하며, 향기만으로도 입맛이 돋게 해야 한다. 간혹 식당 테이블이 별로 더러워 보이지 않는데 손이 닿으면 찐득찐득할 때가 있다. 이런 촉각의 불쾌함 하나만으로도 그 식당은 다시 가고 싶지 않은 곳이 된다. 이런 오감을 모두 만족시킬 수 있는 수준이 됐다면 다음으로는 고객의 감성을 자극하는 데 집중해야 한다.

기존 제품 이미 존재하는 것들에 대한 이해

디자인을 사용하고 소비하는 사람에 대한 이해가 됐다면, 이제는 디자인하려는 대상인 제품에 대한 이해가 필요하다. 제품은 직접 대화를 나눌 수 없는 상대이기에 연구, 쉽게 말해 공부를 해야 한다. 의자를 디자인하려면 기존 의자들이 어째서 그런 형태로 만들어졌는지, 왜 저 의자는 나무로 만들었고 또 저 의자는 플라스틱으로 만들었는지 공부해야 하는 것이다.

의자 이야기가 나왔으니 좀 더 생각을 해보자면, 이미 수천 년 전부터 써오던 물건이고 지금도 전 세계에서 수많은 의자가 탄생하고 있는데, 기본적인 형태는 다리가 3개나 5개가 아니라 4개다. 여기에는 분명 이유가 있을 것이다. 그 이유를 충분히 알고 난 후에도 의자의 다리 숫자를 줄이거나 늘리는 디자인이 가능하다면 그렇게 해도 좋다. 그러나 단지 '차별화된 디자인'에만 집착해 충분한 공부 없이 의자의 다리 숫자를 늘리거나 줄이면, 장담하건대 큰 문제에 봉착하게 될 것이다.

재료 역시 마찬가지다. 모든 재료에는 각자 장점과 단점이 있다. 그것들에 대한 공부도 필수다. 20세기 들어 많은 의자가 플라스틱으로 만들어지고 있다. 이런 의자는 매우 튼튼하고 형태도 다양하게 만들기 쉬우며, 가격도 저렴해 대량생산에 유리하다. 이런 점을 모르는 채 '플라스틱 의자가 많으니 나는 고급스러운 나무로 디자인해야겠다'고 나섰다가는 생산 단가 때문에 의자 하나에 백만 원을 훌쩍 넘기게 될 수도, 제품의 수명이 짧아질 수도 있다.

의자뿐만 아니라 어떤 제품 또는 공간을 디자인하건 기존 제품과 공간을 충분히 공부하지 않으면 실패할 확률이 높다. 기존에 세상에 존재하는 제품과 건축물은 이미 수많은 시행착오를 거쳐 진화되어 온 것들이기 때문이다.

디자인을 전공하는 학생들은 대부분 졸업을 앞두고 1년가량 심혈을 기울여 디자인한 작품을 만들어 전시한다. 일명 '졸업 작품전'이다. 이때 전시회를 관람하는 다른 학과 동료 교수나 일반인들이 "이렇게 훌륭한 디자인을 왜 상품화하지 않는 건가요?"라는 질문을 자주 한다. 실제로 학생들의 졸업 작품을 보면 정말 반짝이는 아이디어가 많다. 하지만 말 그대로 반짝이는 '아이디어'일 뿐이다. 상품화 과정에 뒤따르는 구조적·생산적인 문제, 특히 가격 경쟁력 등이 고려되지 않은 것이다. 그렇기에 '제품'이나 '상품'이 아닌 '작품'이라는 말을 쓰는 것인지도 모른다. 디자이너는 예술가가 아니듯이, 디자인은 '작품'이 아닌 '상품'을 지향해야 한다. 그래야만 시장에서 살아남아 많은 사람이 사용할 수 있기 때문이다. 즉, 새롭게 디자인된 상품은 '전시장'이 아닌 '시장'을 통해서 사람을 만나고, 그들의 선택을 받아 생활 속에서 사용되어야 가치가 있는 법이다.

세상이 복잡하게, 그리고 매우 빠르게 변하면서 디자이너는 점점 더 많은 것을 공부해야 하는 시대가 됐다. 반면 경쟁은 점점 치열해져 디자인을 완료해야 하는 기한은 더욱 촉박해지고 있으니 겹겹이 고통스러운 상황이다. 하지만 이는 디자이너만이 처한 상황은 아니다. 모든 분야의 모든 사람이 겪고 있는 일이니 불평불만을 늘어놓을 시간에 조금이라도 더 공부하는 편이 좋다. 그리고 정해진 시간을 어떻게 활용해 기존 제품과 환경, 사람과 그들의 니즈 및 원츠를 이해할 것인지 고민해야 한다. 답은 가장 아랫단에 대한 이해에 있으니까.

환경에 대한 이해 세상에 홀로 빈 공간에 존재하는 것은 없다

어떤 제품이든 홀로 빈 공간에 홀로 우뚝 존재하지 않는다. 어떤 제품이든 특정 공간 안에서 다른 제품들과 함께 놓여 있게 마련이다. 건축물도 마찬가지다. 하나의 건축물이 드넓은 허허벌판에 혼자 우뚝하니 있는 경우는 거의 없다. 그래서 이들은 서로 조화를 이루어야 한다. 마치 사람처럼. 세상에 홀로 존재하는 사람은 없다. 사회라는 집단 속에서 다른 사람들과 관계를 이어가며 살아간다. 바로 그 관계가 중요하다.

이처럼 제품도 같은 공간의 다른 제품들과 잘 어울려야 한다. 잘 어울림, 즉 '조화로움'을 의미한다. 디자인에서 조화는 매우 중요하다. 어떤 면에서는 차별화보다 중요하다.

어느 하나만을 놓고 보면 좋은지 나쁜지 판단하기 어렵지만, 전체를 놓고 봤을 때 비로소 잘 어울리는지 또는 어울리지 않는지 알수 있기 때문이다. 하나만 놓고 봤을 때는 매우 좋으나 전체와 함께 봤을 때는 홀로 너무 도드라져서 보기 싫은 경우도 많다.

어떤 색상 하나만을 보고도 이 색이 좋다 또는 좋지 않다고 이야기할 수 있다. 하지만 그것을 어디에 사용하느냐, 주변의 다른 색과 어떻게 매치하느냐에 따라 그 색이 좋아 보이기도 하고 촌스러워 보이기도 한다.

어울림은 도시나 자연에서도 중요하다. 유럽의 도시들은 처음부터 도시계획을 잘 따른 덕인지 정갈하고 세련된 느낌이 든다. 도시의 건축물들, 특히 시골의 집들은 무척 통일감이 있고 서로 잘 어우러진다. 건축물의 형태뿐만 아니라 색상까지 일정한 톤앤매너Tone & Manner를 유지하고 있기에 더욱 그렇게 느껴진다. 이처럼 단일 건축물이라도 주위 환경과 잘 어우러져야 한다. 그래야 도시 환경이 조화롭고 쾌적해진다. 우리는 이런 부분에 있어 다소 부족하지 않은가 싶다. 건축물들이 서로 더 돋보이고 싶어서 자기 목소리만을 내려 하다 보니 도시는 복잡하고 어수선하다.

프리젠트를 지을 때 건축가가 제안한 '언덕 위의 하얀 집'이라는 콘셉트가 충분히 매력적이었음에도 빨강 계통의 벽돌 건물로 한 이유가 바로 주위 건축물들과의 어울림 때문이었다. 또한 앞에서 이야기한 거리의 간판들 역시 조화의 중요성을 잘 보여준다. 잘츠부르크의 요란하지 않으면서도 세련되고 고풍스러운 간판들이 나란히 서 있는 거리를 보면서 그 아름다움에 감탄이 절로 나왔다. 반면 서로 '나만 봐!'라고 외치는 듯한 간판들이 즐비해 있는 우리나라의 상가 거리를 볼 때면 숨이 턱 막히고 눈이 피곤할 지경이다.

이처럼 조화의 중요성, 어울림의 힘을 이해할 수 있어야만 디자인의 결과물도 제 역할을 해낸다. '튀는' 디자인이 '자연스러운' 디자인에 자리를 내주는 경우를 나는 수도 없이 봐왔다.

디자인,
선입견을 심어주는 것

"디자이너는 소비자에게
선입견을 심어주는 사람이다."

지금껏 "선입견과 편견을 버려라!"라는 말은 많이 들어봤어도
"선입견을 심어줘야 한다"는 말은 좀처럼 듣지 못했을 것이다. 더
구나 나 역시 앞에서 "디자이너라면 선입견을 버려야 한다"고 하지
않았던가?

선입견先入見의 사전적 의미는 '어떤 대상에 대하여 이미 마음속
에 가지고 있는 고정적인 관념이나 관점'이다. 그리고 우리는 주로
이 단어를 안 좋은 뜻으로 쓴다.

디자이너라면 어떤 사물이나 행동을 다양한 시각으로 볼 수 있
어야 한다. 즉, 입체적으로 사고할 수 있어야 한다. 그런 의미에서
디자이너는 '선입견을 버려야' 한다. 본질 또는 어떤 사실에 대해 확

인하기 전에 미리 판단을 해서는 안 되니 말이다.

　하지만 이런 경우는 어떨까? 어떤 제품이나 공간을 보는 순간 첫눈에 '기품 있고 고급스러운 것을 보니 좋은 제품(공간)이겠구나!', '보기만 해도 먹음직스럽다! 분명 맛있을 거야'라는 생각을 갖게 되는 경우 말이다. 사용해보기도 전에 좋은 제품이라 여기고, 먹어보기도 전에 맛있을 것이라 확신한다면 이 또한 분명한 선입견이 아닐까? 그런 선입견을 만들어줄 수 있다면 효과적이지 않을까? 그런 의미에서 디자이너는 의도된 선입견을 사람들에게 심어주는 일을 하는 전문가다.

　애초에 인간은 모르는 것에 대해 알기 전에 미리 판단하는 본능이 있다. 이런 본능은 까마득한 선조들로부터 내려온, 인간의 생존 본능에서 출발한 것이 아닐까 생각한다. 사냥과 수렵으로 살아가던 시대에는 처음 보는 동물을 마주치거나 새로운 환경에 놓이면 그동안의 경험을 통해 위험 여부를 판단했을 것이다. 사실을 확인하기 전에 직관적으로 인식하고 판단했다는 뜻이다. 이것은 생존 본능이기도 하다. 이런 위험 여부를 직관적으로 판단해 왔기 때문에 인간은 좀 더 안전하게 생존해 왔을 것이다.

　실제로 사람들이 얼마나 많은 선입견을 가지고 살아가고 있는지를 보여주는 사례는 쉽게 찾을 수 있다. 세계 콜라 시장을 양분하고 있는 펩시와 코카콜라를 예로 들어보자. 대부분의 사람은 두 가지

콜라 맛을 구분하지 못한다고 한다. 그러나 둘 중 어느 한쪽을 선호하는 사람이 많다. 이들은 콜라 맛이 다르다고, 자신이 선호하는 콜라가 더 달콤하거나 더 탄산이 강하다고 말한다. 코카콜라를 더 좋아한다는 사람에게 잔에 따른 코카콜라를 건네고 "이거 펩시콜라야"라고 말해보라. 아마 대부분은 "아, 코카콜라가 좋은데……. 역시 펩시라서 톡 쏘는 맛이 덜하네." 이런 식으로 답할 것이다. 이미 그들 머릿속에는 '코카콜라가 더 맛있다', 즉 '펩시콜라는 상대적으로 맛이 없다'는 '선입견'이 심어져 있는 것이다. 그러니 자신이 평소 즐겨 먹던 그 콜라를 먹으면서도 단지 상대적으로 덜 좋아하는 콜라로 '인식'하고 있는 것만으로도 맛까지 다르게 느끼는 것이다.

'프리미엄 김밥집'이라는 컨셉으로 시작한 '바르다김선생'이라는 브랜드도 '좋은 선입견'을 잘 활용한 사례다. 전해 들은 이야기로, 바르다김선생은 처음 사업을 시작하기 전에 마음에 드는 참기름을 찾는 데만 1~2년이 걸렸다고 한다. 젓가락으로 김밥을 집어 입으로 가져가 입에 넣기 전까지 고소한 참기름향이 먼저 후각을 자극한다. 그래서 김밥을 입에 넣기도 전에 '맛있겠다'는 느낌을 갖게 된다. 실제로 김밥 자체가 맛있기도 하지만, 바로 이처럼 먹기도 전부터 '맛있을 것'이라는 일종의 '선입견'을 만들어내기 위해서 고소한 향이 풍부한 참기름을 그토록 오랫동안 찾아다녔던 것이다.

비단 나 혼자만 이렇게 주장하는 것은 아니다. 사람이든 제품이든 공간이든, 첫인상이 얼마나 중요한지에 대해서는 들어봤을 것이다. 일단 첫인상으로 인해 어떤 선입견이 생겨버리면 우리는 이성적인 판단을 하기 힘들어진다.

한 가지 질문을 해보겠다. 사람에게는 이성과 감성이 있다고들 하는데, 그렇다면 어떤 판단을 내리는 데 있어 감성은 과연 어느 정도나 관여할까?

세계적인 베스트셀러 작가이자 강연가, 경영 컨설턴트로 유명한 브라이언 트레이시Brian Tracy가 한 강연에서 청중에게 던진 질문이다. 당시 청중 중에 몇 명이 이런저런 대답을 했지만, 브라이언 트레이시는 매번 고개를 저었다. 그리고 이렇게 덧붙였다.

"아니오, 100퍼센트입니다. 인간은 이성적이지 않아요. 인간은 100퍼센트 감성의 지배를 받아 모든 판단을 내리게 됩니다."

부정하고 싶겠지만, 곰곰 생각해보면 '나도 항상 이성보다는 감성으로 판단을 해왔구나' 하고 깨닫게 될 것이다. 감성적으로 판단한다는 말은 곧 직관으로 판단한다는 말과 같다. 실제로 사람들은 보는 순간 판단을 하고, 그 판단에 '이성적인' 이유를 덧붙이기 일쑤다.

새 신발을 사러 백화점에 들른 적이 있다. 가볍게 신을 신발을 찾던 중이라 이월상품을 둘러보고 있었는데, 어쩌다 보니 전면 진열대의 '그 운동화'를 보고야 말았다. 그때부터 다른 신발은 눈에 들어오지도 않았다. 편하게 신고 다니기에는 가격이 부담됐지만, 어느새 나는 스스로를 설득하기 시작했다.

"조금 비싸긴 해도 신제품이고 품질이 좋으니까 오래 신을 수 있을 거야. 싸구려 서너 켤레 사는 거랑 별 차이 없잖아? 그리고 중요한 자리에도 신고 갈 수 있으니까 그리 비싼 것도 아니야."

그렇게 고민 끝에 결국 카드를 '긁어버린' 적이 있다. 사실 이런 경험이 적지 않다. 속으로는 이번 달 카드 값 걱정에 한숨을 내쉬면서도 말이다.

이게 바로 사람들이 보는 순간의 직관과 감성으로 결정을 내리고, 그다음 자신 스스로를 '이성으로' 설득한다. 누구나 그런 경험이 있을 것이다. 사람은 감성을 따라 움직이고, 이 감성은 절대적으로 시각視覺의 지배를 받는다.

이는 사람을 판단함에 있어서도 마찬가지다. 미국의 뇌 과학자 폴 왈렌Paul J.Whalen은 연구를 통해 사람들이 뇌의 편도체amygdala를 통해 0.1초도 안 되는 짧은 순간 다른 사람에 대한 호감도 또는 신뢰도를 평가한다고 주장했다. 0.1초란 무언가를 '이성적으로' 판단할 수 있는 시간이 아니다. 그리고 이렇게 평가한 '첫인상'은 우리의 뇌리에 깊게 남아 이후의 판단에도 영향을 준다. 소위 '첫인상의 법칙' 또는 '초두 효과'라고 하는데, 생각해보면 첫인상이 별로였던 사람과 가까워지려면 꽤나 오랜 시간이 걸리는 것도 이런 이유다.

무슨 법칙 이야기를 길게 하고 싶지는 않지만, 말이 나온 김에 하나만 더 해보자. 많은 사람이 알고 있는 '메라비언의 법칙' 이야기다. 캘리포니아대학교 로스앤젤레스캠퍼스UCLA 심리학과 명예교수인 앨버트 메라비언Albert Mehrabian이 저서에서 밝힌 바에 따르면 "사람들이 타인에 대한 이미지를 갖는 데는 시각과 청각, 언어라는 3가지 요소가 작용하는데, 그 비율이 각각 55:38:7이라고 한다. 즉, 다른 사람에 대한 이미지의 55퍼센트는 시각 – 외모와 옷차림 등 – 이, 38퍼센트는 청각 – 목소리 등 – 이 결정하고, 정작 상대방이 말하는 '내용'은 고작 7퍼센트밖에 영향을 미치지 못한다"라고 했다(출처: 이숙영, '대화는 어떻게 이루어지는가', 《부산일보》).

종합하자면, 사람은 타인의 첫인상을 평가하는 데 0.1초밖에 걸리지 않고, 그 절반 이상은 시각적인 요소를 통해 결정된다는 것이다.

이렇듯 사람은 무언가를 직관적으로, 특히 시각을 통해 판단하는 경향이 있고, 이렇게 생성된 첫인상은 쉽게 바뀌지 않는다. 그렇기에 비주얼의 힘이 중요한 것이고, 남다른 표현법을 통해 내가 원하는 대로 상대에게 선입견을 심어줄 수 있어야 한다. 그리고 디자인은 이러한 선입견을 만들어내는 창작활동이다.

이미지가
텍스트를 이긴다

그림은 글보다 강하다.

즉, 이미지는 텍스트보다 강하다.

유럽에 출장이나 여행할 때 가장 신경 쓰이는 일은 '소매치기'를
당하지 않는 일이다. 나 또한 그렇게 조심하고 다녔는데도 소매치기
를 당한 적이 있다. 지하철에서 손가방을 소매치기범에게 뺏겨 추격
끝에 찾아온 경험도 있다. 유럽에서는 자동차에 가방을 놓아두는 것
역시 위험하다. 차 유리를 부수고 가방을 가져가기 때문이다.

암스테르담을 걷다가 '도둑 주의' 표지판을 본 적이 있다. 유쾌
한 메시지는 아니지만, 도둑을 조심하라는 메시지를 글보다 그림으
로 표현한 점이 코믹하고 재치 있게 느껴졌다. 한눈에 '차 안에 가
방을 두면 도난당할 위험이 있음'을 알 수 있게 해준 그림이었다.

이런 증거는 지천에 널려 있다. 2015년 9월, 〈지중해의 눈물'

암스테르담에 있는 '차 안에 가방을 두지 말라'는 경고 표지판
ⓘ 사진출처 강범규

세 살배기 난민 시신에 유럽 '울컥'〉이라는 신문 기사가 올라왔다. 기사에는 숨진 채 파도에 떠밀려 터키 해변으로 밀려온 3살짜리 시리아 꼬마의 시신의 사진이 담겨 있었다. 테러와 전쟁을 피해 더 나은 삶을 찾아 시리아를 떠나지만 그 과정에서 숱한 생명의 위협을 받게 되는 난민들의 참혹한 상황을 보도하는 기사였다.

이 사진은 프랑스 AFP통신과 영국의 《가디언》 등 권위 있는 방송사와 매거진, 각종 SNS를 통해 '파도에 휩쓸린 인도주의'라는 해시태그와 함께 순식간에 전 세계로 퍼져 나갔다. 그리고 이 한 장의 사진이 순식간에 전 세계가 시리아 난민 문제에 관심을 가지게 했고 그들에 대한 동정 여론을 끌어냈다. 이후 유럽의 몇몇 나라와 캐나다 등에서 난민 수용 지지 의사를 이끌어내는 데도 한몫을 했다. 그렇다고 그전에 시리아 난민 문제를 다룬 기사나 보도가 없었던 것은 아니다. 아니, 오히려 꽤나 다양한 곳에서 다양한 기사가 실리고 있었다. 하지만 수십, 수백 개의 기사와 보도가 하지 못한 일을 이 한 장의 사진이 해낸 것이다.

이런 사례들을 찾기는 어렵지 않다. 1987년이 우리나라 민주화 역사에서 큰 의미가 있는 해이기도 하다. 그해에 이른바 '6월 항쟁'의 기폭제가 된 것은 한 대학생의 피 흘리는 흑백 사진 한 장이었다.

1987년 6월 9일, '6·10 대회 출정을 위한 범연세인 총궐기 대회'에 시위대로 참여했던 이한열 열사는 한 전경이 쏜 최루탄에 머리를 피격당했고, 얼굴이 금세 피로 뒤덮였다. 그리고 같은 시위에 참여했던 학생이 그를 건물 안으로 피신시키기 위해 뒤에서 안고 끌어가는 모습이 담긴 사진 한 장이 온 국민의 분노를 불러일으켰다. 천 마디 말로도, 수백 장의 글로도 움직이지 못한 사람들의 마음을 이 한 장의 흑백 사진이 움직인 것이다. 그리고 이 분노는 바로 국민을 '6월 항쟁'으로 이끌었다

이는 사진이나 그림이 글이나 말보다 훨씬 많은 정보를 담고 있기 때문이다. 사람들은 0.2~0.6초라는 아주 짧은 시간에 사진이나

영상을 통해 엄청난 양의 정보를 모두 흡수해 하나의 인상을 만들어낸다. 이런 인상을 어떻게 만들어내느냐가 곧 '어떤 선입견을 심어줄 것이냐'라고 볼 수 있다.

나는 출장이나 여행으로 자주 해외에 나가는데, 외국에서도 하루 세 끼는 모두 챙겨먹는다. 아침은 그럭저럭 호텔에서 해결하지만, 점심과 저녁, 그중에서도 특히 저녁은 가능하면 그 지역의 이색적이고 맛있는 음식을 먹으려 한다. 인터넷에서 검색도 해보고 지인에게 추천을 받기도 하는데, 식당에 도착했을 때 음식 사진과 함께 설명이 있는 메뉴판을 받게 되면 마음이 놓인다. 반면 음식 사진 없이 글로만 된 메뉴판을 받으면 불편하다. 실제로 음식 사진이 있을 때 더 빠르고 편안하게 메뉴를 고를 수 있다.

TV가 생겨나고 보급되기 전까지 스포츠는 라디오를 통해 중계됐다. 어쩌면 당시의 사람들에게는 그것만으로도 획기적이었을지 모른다. 그러나 그들 또한 라디오 중계를 들으면서 '직접 볼 수 있으면 얼마나 좋을까' 하고 내심 답답해하지 않았을까? 경기 중계는 문자로 보는 것보다는 라디오로 듣는 것이 생생하고, 라디오로 듣는 것보다는 TV로 보는 것이 더 생생하며, TV로 보는 것보다는 직접 경기장에서 관람하는 것이 훨씬 생동감 넘칠 것이다. 동시에 경기장 전체를 볼 수 있음은 물론이고 현장의 생생한 분위기까지 그대로 느낄 수 있기 때문이다. 즉, 정보의 양뿐만이 아니라 질도 완전

히 달라지는 것이다. 그리고 그 차이가 사람의 마음을 움직이는 힘
의 차이로 이어진다.

컬러가
형태를 이긴다

이미지가 텍스트를 이긴다면, 컬러는 형태를 이긴다.

물론 굳이 컬러와 형태를 구분할 필요는 없을지도 모른다. 하지만 뚜렷한 차별화를 추구하거나 사람의 시선을 단번에 사로잡고 싶다면, 형태보다는 컬러의 차별화에 주목할 필요가 있다.

한번 상상해보자! 우산은 펼쳤을 때 위에서 내려다본다면 대체로 동그란 형태다. 물론 완전한 원형은 아니지만, 대체로 둥근 형태다. 간혹 우산살이 6개인 육각 우산도 있지만, 난 아직 네모꼴의 우산은 본 적이 없다. 그렇다면 여기서 질문을 하나 해보자. 비가 오는 날, 높은 곳에서 거리를 내려다봤더니 둥그런 검정 우산을 쓴 수많은 사람들 틈에서 한 명은 같은 검정색 네모 우산을 썼고, 또 한 명은 둥근 형태의 노란 우산을 썼다면 누가 더 눈에 띌 것 같은가? 장담하건대, 노란 우산이 훨씬 눈에 띌 것이다.

공공장소나 대중이 이용하는 장소의 화장실 입구에는 픽토그램 pictogram으로 남녀 구분이 되어 있다. 이때 여성 화장실은 치마를 입은 사람의 형태가 빨강으로 표시돼 있다. 남성 화장실은 바지를 입은, 파랑색 사람 형태다. 화장실이 정말 급해 뛰어 들어가는 사람은 남녀 화장실을 과연 빨강과 파랑이라는 컬러로 구분을 할까 아니면 치마와 바지라는 형태로 구분을 할까? 먼저 보이는 것, 직관적으로 보는 것은 컬러다. 만약 형태는 그대로인 상태에서 컬러만 서로 바꾼다면 꽤나 많은 사람이 반대로 찾아 들어갈 것이다.

그렇다면 컬러에 대해서 알아야 할 점은 무엇일까?

어떤 제품이나 공간에 조화로운 컬러, 성공적인 컬러를 선정하기란 쉽지 않다. 컬러리스트 자격증을 딴 사람이라도 마찬가지다. 참고적으로 내가 아는 유명한 디자이너, 닮고 싶은 디자이너 중 누구도 그 컬러리스트 자격증을 가진 사람이 없다.

이미 말했듯이 컬러에 대한 감각, 이러한 컬러를 배치하고 활용하는 능력은 수많은 경험을 통해 생겨난다. 가장 먼저 해야 할 일은 좋은 컬러와 컬러의 조합을 찾아내는 일부터 해야 한다. 예를 들어 다른 사람의 옷이나 거리의 포스터를 보고 컬러의 느낌이 좋다고 느낀다면 거기서부터 시작이다. 즉, 컬러에 대한 감동이나 인식이 첫 번째다. 다음은 내가 좋다고 느낀 컬러의 색 조합을 내 기억 속에 저장해야 한다. 이때 중요한 것은 색 조합뿐만 아니라 각 컬러의 비율도 함께 기억해야 한다는 점이다. 앞서 나는 마감이 덜 된 공사장과 패션쇼 런웨이 위 모델의 복장에서 그레이와 레몬옐로의 조합을 예로 들었는데, 실제로 나는 그런 조합을 보고 감동을 받은 적이 있다. 대학생 시절, 지하철역에서 속옷 회사 광고 포스터를 봤을 때였다. 그 포스터의 많은 부분을 차지한 쿨그레이cool gray와 그 위로 사선의 스트라이프로 들어간 레몬옐로lemon yellow가 너무나도 세련되고 아름답게 느껴졌다. 이후로 나는 쿨그레이와 레몬옐로 조합을 많은 그래픽 작업과 제품 디자인에 적용했다.

그레이와 레몬옐로가
조화로운 조선비치호텔 명함

최근에 위와 비슷한 컬러 조합의 명함을 받았다. 부산의 웨스턴조선비치 호텔 직원의 명함이다

하지만 앞에서도 이야기했듯이, 아무리 좋은 컬러 조합도 장소와 대상, 그리고 잉크나 천 등 재료와 질감에 따라 느낌의 차이가 무척 크다는 점을 명심해야 한다. 또한 컬러 적용 면적과 비율은 물론 주변 환경의 컬러에도 영향을 받으니 사용할 때 주의할 필요가 있다.

난 교수시절에 학생들의 색채 감각을 키워주기 위해 '아름다운 컬러 찾아오기'라는 과제를 내주곤 했다. 약 4주 동안 일상에서 아름다운 색을 찾는 훈련을 시키는데, 첫째 주에 찾아온 색상과 마지막 주에 찾아온 색상은 확연히 차이가 난다. 그만큼 색채 감각이 성장한 것이다. 한 달여의 짧은 시간에 그만큼 성장할 수 있다는 사실이 나로서도 놀라웠다. 내가 한 일은 이론을 주입해준 것이 아니라그저 학생들이 직접 아름다운 색을 찾아오게 하고 함께 발표하게함으로써 서로가 찾아온 색채를 서로 공유했을 뿐이다. 학생 스스로, 자신들이 찾아온 아름다운 색과 다른 학생들이 찾아온 아름다운 색을 비교하며 스스로 컬러에 대해 학습했던 것이다.

컬러 감각을 키우고 싶다면 우선 주변의 아름다운 컬러 조합을 찾아내는 일부터 시작해보자. "이 컬러가 저 컬러와 함께하니 무거우면서도 화려하구나!", "이 두 가지 컬러가 함께 있으니까 산뜻하고 경쾌하네!" 등등, 주위에서 발견한 컬러 조합들에 대한 자신의 직관적인 느낌을 그대로 느끼고 표현해보는 것이다. 왜그 컬러의 조합이 아름다운지 분석하고 들여다보는 것은 그다음이다. 분석이라고 해서 어려운 건 아니다. 이 컬러와 저 컬러의 면적비율, 광택 정도, 형태, 사용한 재료를 파악해 기억하면 된다.

아름다운 컬러 조합을 발견했다면 사진이나 영상으로 보관하기를 추천한다. 하지만 이때 중요한 것은 하나의 컬러가 아닌 컬러 '조합'을 기억해야 한다는 점이다. 이미 설명했듯이 홀로 덩그러니 존재

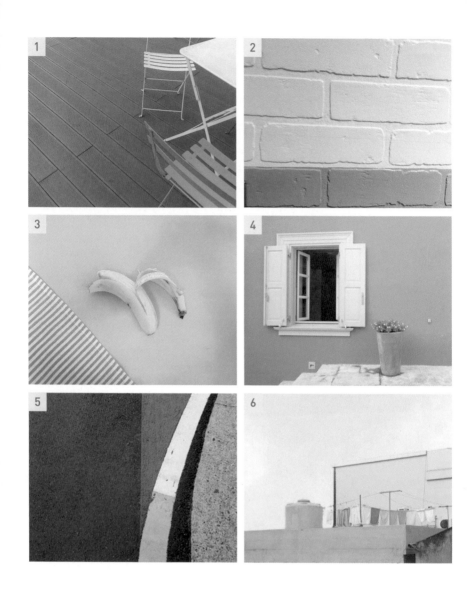

마지막 4주차 수업에서 학생들이 일상에서 촬영한 아름다운 컬러

📷 사진출처 1. 김혜빈, 2. 박서현, 3~5. 박주현, 6. 오한솔

하는 제품은 없으니 하나의 컬러만으로 좋고 나쁨을 판단하는 것은 의미가 없다. 서로 다른 여러 컬러가 함께 어우러졌을 때 하나의 이야기가 만들어진다. 우리는 바로 그 이야기에 주목할 필요가 있다.

컬러를 잘 사용하는 데는 왕도도, 정답도 없다. 그러나 나는 여러 경험을 통해 컬러 선택에 대한 나름의 노하우를 가지게 됐다.

첫째, 디자인 컨셉에 따라 컬러 컨셉이 정해져야 한다.
예를 들어, 천연원료로 만든 비누를 펄이 들어가 번쩍거리는 원색의 빨간색 패키지로 포장한다면 어떨까? 이는 제품의 디자인 컨셉과 패키지의 컬러 컨셉이 따로 노는 꼴이 될 것이다. 천연원료로 만든 비누라면 당연히 자연이나 천연원료를 연상시킬 수 있는 컬러들을 찾아야 한다. 나라면 시골, 자연 등에서 찾을 수 있는 색, 채도가 낮은 황토색이나 녹색, 갈색, 아이보리 컬러가 먼저 떠오른다. 이런 컬러를 적용해볼 것이다.
건축물의 마감 재료나 인테리어 색상도 마찬가지다. 공간의 디자인 컨셉이 자연주의를 추구하는지 아니면 첨단 IT기계가 가득한 첨단 IT 사무실 공간인지, 전통적인 한옥 공간인지 또는 이태원에 위치한 화려한 클럽인지 등에 따라 디자인 컨셉에 맞는 컬러를 적용해야 한다.
한 지인이 천연원료로 만든 비누 사업을 하고자 했다. 그리고 그

분은 이 비누 디자인과 비누 받침대 디자인에 대한 내 의견을 물었다. 그런데 그때, 나는 이 천연비누에는 아름다운 돌로 만든 듯한 받침대가 어울리겠다는 영감이 떠올랐다. 그리고 나는 하루 만에 디자인을 해서 보여준 적이 있다. 때로는 몇 개월을 매달려도 마음에 드는 디자인 하나가 나오지 않아 괴로울 때도 있지만, 또 때로는 이렇게 번쩍 하고 떠오른 아이디어로 몇 시간 만에 디자인 하나를 뚝

◀ 비누와 받침대 디자인. 위에서 본 모습
▼ 컨셉에 맞춰 여러 색상으로 디자인한 이미지컷

라면집도
디자이너가 하면 다르다

딱 끝내기도 한다.

비누와 받침대가 있다면 비누가 주인공이고 받침대는 조연인 경우가 많겠지만, 이때 나는 비누 받침대를 먼저 떠올렸기에 그에 맞춰 비누까지 작고 아기자기한 돌멩이처럼 디자인했다. 비누도, 비누 받침대도 모두 '돌로 만든 듯한' 느낌, 계곡에 발을 담그고 앉아 있다가 우연히 발견한 아름다운 돌멩이 같은 느낌으로 만들고자 했다. **컬러는 전체 디자인 컨셉과 하나로 어우러져야 하기 때문이다.**

둘째, 특별한 경우가 아니라면 컬러는 절제해서 사용해야 한다.

이미 우리 주변에는 다양한 컬러가 과도하게 사용되고 있다. 그래서 도시에 사는 사람은 시골에서 사는 사람보다 늘 눈이 쉽게 피로해진다.

나는 주로 검정, 흰색, 회색 옷을 산다. 그중 회색이 압도적으로 많은데, 회색은 무채색이라 청바지나 어떤 다른 컬러의 옷과도 무난하게 잘 어울리기 때문이다. 제품이나 공간을 디자인할 때도 마찬가지다. 특별히 화려한 디자인 컨셉을 구현해야 하는 것이 아닌 한 원색은 잘 사용하지 않는다. 노랑, 빨강, 녹색 등 원색 컬러는 매우 강렬하지만, 다른 컬러와 조화를 이루기 어렵고 주변과 어울리기보다는 홀로 너무 튀는 경향이 있다. 그래서 원색이나 높은 채도의 컬러는 웬만하면 선택하지 않는다.

무인양품이 대부분의 제품을 하얀색 위주의 무채색으로 만드는

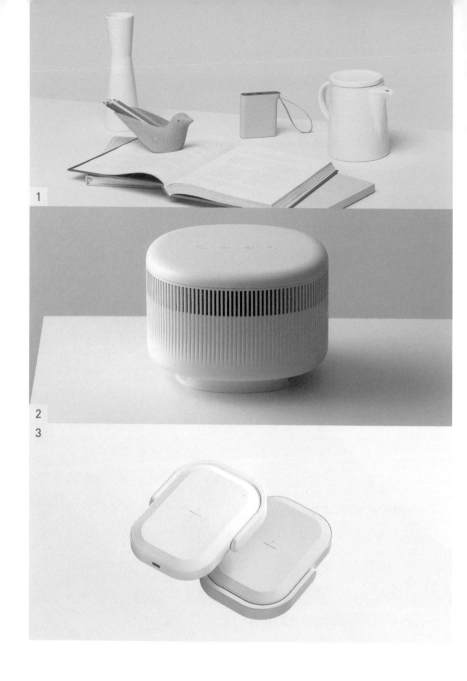

1 BKID의 보조배터리 ⓘ 사진출처 BKID 공식사이트

2,3 SWNA의 공기청정기와 무선충전기 ⓘ 사진출처 SWNA 공식사이트

것도 이런 이유다. 이들은 모든 제품을 디자인할 때 '어디에 두더라도 어울릴 만한' 상품이 되도록 노력한다고 밝힌 바 있다.

제품이든 공간이든 '전시'를 위해서라면 스스로를 주인공으로 만들어 좀 뽐낼 필요가 있다. 하지만 일상에서 제품을 주인공으로 삼아 돋보이게 할 필요가 있던가? 새로운 제품은 세상에 나오면 이미 세상에 자리 잡고 있는 기존 사물들과 같은 공간에 공존해야 하기에 그들과의 어울림과 조화가 먼저다.

셋째, 때로는 '센 컬러'를 하나 정도 던져준다.

같은 제품을 다양한 컬러로 만들 경우 또는 전체적으로 단색톤이 너무 밋밋하게 느껴질 경우가 있다면 때로는 '센 컬러'를 하나 정도 던져주는 것도 좋을 때가 있다. 이는 제품과 공간 전체에 생기를 불어넣는 것과도 같다.

방금 전까지 조화와 어울림을 강조했으니 모순되는 말처럼 보일 수도 있다. 하지만 디자인에 정답은 없다. 만일 우리가 생활하는 공간이 너무 단순하고 단조롭다고 느낀다면, 이때는 작고 은은한 소리로 자신의 존재가 있음을 이야기하는 것도 좋을 것이다. 이럴 때 나는 원색 컬러보다는 원색에 흰색이나 블랙을 많이 섞은 회색톤이나 파스텔톤을 사용하는 것을 즐긴다.

무채색이나 파스텔톤은 은은하고 편안한 느낌을 준다는 장점이 있지만 자칫하면 심심할 수 있다. 이때 의식적으로 하나쯤 '센 컬러'

를 포함시키면 다른 색채까지 같이 살아난다. 예를 들어 스마트폰의 경우 대체로 검정과 하얀색이고 여기에 은은한 로즈골드 정도가 추가되어 있다. 그러나 간혹 원색적인 빨강 또는 번쩍이는 골드 컬러로 출시되는 제품도 있다. 이때 이런 눈에 띄는 제품들과 무채색 제품들을 따로 놓고 보면 한쪽은 너무 세고 한쪽은 너무 밋밋해 보이지만, 모아서 진열하면 모든 상품이 함께 생명력을 얻는 느낌이 들기도 한다.

한 제품 내에서 '포인트 컬러'를 주는 것도 한 가지 방법이다. 옷 전체를 회색이나 검정색, 흰색 등의 모노톤으로 옷을 입을 때 밋밋하지 않게 액세서리나 넥타이 등으로 포인트를 주는 것과 마찬가지다.

앞에서 이야기한 프리젠트 벽시계도 그런 사례다. 프리젠트는 미니멀하고 심플한 디자인을 추구한다. 따라서 벽시계도 하얀 바탕에 검정 글씨를 기본으로 해서 디자인했다. 하지만 어딘지 모르게 심심했다. 그래서 뭔가 포인트를 주고 싶었는데, 그게 바로 초침이었다. 시계에서 끊임없이 움직임으로써 사람의 눈길을 끄는 것이 바로 초침이기 때문이다. 제품 전체에서 가장 작은 면적을 차지하는 초침에 채도 높은 오렌지색을 사용했다. 그러자 단순하고 밋밋했던 무채색의 벽시계가 생명력을 얻어 심플하면서도 생동감 있는 벽시계가 되었다.

이처럼 '적당히 센 컬러를 하나 써 주는 것'이 때로는 제품과 공간에 생기와 재미를 불어넣어주기도 한다.

오렌지색 초침으로 생동감을 불어넣은
2015년형 프리젠트 벽시계

'뭔가 포인트를 주고 싶었는데, 그게 바로 초침이었다.
시계에서 끊임없이 움직임으로써 사람의 눈길을 끄는 것이
바로 초침이기 때문이다.'

"아름다움이 세상을
구원할 것이다"

러시아가 낳은 세계적인 대문호 도스토옙스키Fyodor Mikhailovich Dostoevsky, 1821~1881는 이런 말을 남겼다.

"아름다움이 세상을 구원할 것이다Beauty will save the World."

공감된다. 난 이렇게 말하고 싶다.

"아름다움이 당신을 구할 것이다Beauty will save you."

여기서 당신you은 '당신의 회사your company'가 될 수도 있고, '당신의 가게your store'가 될 수도 있다.

기존 제품이나 경쟁자가 가진 문제를 해결하는 것만으로 사용자의 마음을 사로잡기 어렵다. 여기에 차별화가 될 수 있는 무엇이 더

라면집도
디자이너가 하면 다르다

해져야만 비로소 경쟁자를 모두 이겨내고 앞으로의 거센 도전에도 굳건히 버텨낼 수 있다. 그리고 그 '무엇'으로 '아름다움'만큼 효과적인 것이 없다.

2장에서 언급한, 알레산드로 멘디니가 디자인한 와인오프너 안나G의 사례가 대표적이다. 안나G가 출시 이후 그토록 사랑받은 이유는 와인 마개를 따기가 더 편해서도, 더 튼튼해서도, 더 저렴해서도 아니다. 안나G로 따면 와인이 더 맛있어진다거나 그런 비밀이 있는 것도 아니다. 오히려 크고 비싸다. 그러나 단 한 가지, 예술작품에 가까울 정도로 아름답다는 장점이 있다. '와인오프너는 와인 병을 딸 수 있으면 그것으로 족하다'는 생각을 와장창 깨부순 것이다. 멘디니는 거장답게 "그것만으로는 충분하지 않다. 아름다운 제품은 감동을 준다"라고 말했다. 그리고 그는 아름다운 제품을 만들어낼 역량이 있었다.

단지 아름다움 하나만으로도 안나G는 와인 애호가들에게는 고급 와인만큼이나 좋은 선물이 되고, 와인에 아무런 관심도 없는 사람들조차 새로운 모델이 나오는 족족 사서 모으기도 한다. 많은 사람이 실제로 와인 병을 오픈하는 용도보다는 서재나 거실 장식을 위해서 산다고 한다. 나 역시 이 제품을 선물로 받았을 때 매우 기뻤다. 그리고 안나G는 지금도 내 서재의 한 공간에서 아름다운 자태를 뽐내고 있다. 안나G 시리즈는 이후 후추나 소금을 담아두는 통, 양초 꽂이, 병마개 등으로 이어지면서 30년이 지난 지금까지 지속적으로 사랑을 받고 있다.

안나G 사례와 함께 이야기했던 모니카 뮬더의 '볼뢰' 역시 '이왕이면 정신'을 제대로 보여주는 사례다. 이 제품은 손으로 잡을 때 '그립감'이 좋다. 게다가 여러 개를 겹쳐서 보관이 가능하다 보니 물류비 절감 효과가 커 비용을 낮추는 데 한몫했다. 화룡점정은 군더더기 없이 심플한, 너무도 아름다운 디자인이다. 볼뢰 역시 안나G처럼 단지 장식용으로 구매하는 사람이 많다고 한다. 뮬더는 이 제품을 디자인하기에 앞서 "물뿌리개로서의 기능도 훌륭하고 이왕이면 아름답기까지 하다면 더 좋지 않은가?"라는 질문을 스스로에게 던졌다. 즉, (이왕이면)더 아름답게, (이왕이면)더 편하게, (이왕이면)저렴하게 디자인한 것이다.

기능과 성능이 같은 제품이라면 당연히 더 아름다운 쪽이 좋다. 어차피 필요한 제품이라면, 이왕이면 보기에도 좋은 게 좋지 않겠는가. 보기 좋은 떡이 먹기도 좋다고, 내 공간에 아름다운 물건이 있으면, 보는 것만으로도 즐겁지 아니한가!

우리 집 거실 소파 옆에는 나보다도 키가 큰 에어컨이 서 있다. 워낙 덩치가 커서 우리 집 거실에서는 결코 무시할 수 없는 존재감이 있다. 그런데 우리 집은 여름에도 그리 덥지 않고, 집이 비워져 있는 시간이 많아서 정작 이 에어컨을 사용하는 날은 1년에 1~3주일 정도에 불과하다. 아마 시간으로 따지면 30시간을 넘지 않을 것이다. 그런데 이렇게 며칠밖에 쓸 일이 없는 에어컨이 공간을 떡하니 차지하고 있다면 돈도, 공간도 아깝지 않을까? 아깝다는 생각과 그래도 가끔 유달리 더울 때면 우리 가족을 시원하게 해주기도 하니 괜찮다고도 생각한다. 그럼에도 1년에 1~3주일, 고작 30여 시간 외에는 그저 덩치만 큰 플라스틱 덩어리가 우리 집 거실에 버티고 서 있는 것이다. 그래서 나는 처음부터 '보기에도 좋은' 에어컨을 샀다. 이왕이면 아름다운 제품을 구매해 그 자체가 그림이나 예술작품처럼 느껴질 수 있다면 집안 분위기가 한층 달라지지 않겠는가? 그래서 제품은 기본적으로 아름다워야 하는 것이다. 아름다움은 우리에게 늘 보는 즐거움을 준다. 사람들은 아름다운 물건을 옆에 두고 싶어 한다. 그래서 꽃을 화병에 꽂아두기도 하고, 강가의 예쁜 돌을 주워 와서 책상에 올려두기도 한다. 큰 돌을 집안 정원에 세워두는 사람도 많다. 그래서 사람들은 그림도 사고, 공예품도 사서 거실이든 사무실에 가져다 두는 것 아닌가!

대부분의 물건이 그렇다. 그 제품이 사용되는 시간보다 사용되지 않는 시간이 훨씬 길다. 그래서 제품은 아름다워야 한다. 사용되지 않을 때 우리에게 아름다운 조형으로 우리를 즐겁게 해주면 좋지 않은가? 그게 내 생각이다.

'이왕이면 정신'이 세상을 아름답게 한다

나는 학생들에게 자주 '이왕이면 정신'을 강조한다. 그게 뭔가 싶어서 인터넷을 검색해보려는 사람이 있을까 봐 하는 이야기인데, 검색해볼 필요 없다. 내가 만들어낸 말이니까.

"이왕이면 아름다워야 한다."

"이왕이면 기존 제품보다 더 편리해야 한다."

"이왕이면 좀 더 쉽게 사용할 수 있어야 한다."

"이왕이면 재미있어야 한다."

이처럼, 같은 제품을 디자인하더라도 이왕이면 더 아름답게, 더 편리하게 사용할 수 있게 해야 한다는 것이다. 디자이너가 아니더라도 새겨야 할 말이다. 사람이든 제품이든 작은 차이가 결국, 성과에 큰 차이를 가져올 때가 많다. 작은 차이가 결국, 선택을 받느냐, 외면을 받느냐를 결정하는 경우가 많다.

'이왕이면 정신'이 무조건 '아름답게'에만 적용되는 것은 아니다. 때로는 '이왕이면 더 편리하게' 만드는 데 집중하기도 한다. 물론 그때도 아름다움을 놓쳐서는 안 되니, 둘은 떼려야 뗄 수 없는 관계라 할 수 있다.

오래전 유럽 여행 중 목적지를 향해 빠르게 걷던 내 발길을 붙잡은 멋진 디자인을 만난 적이 있다. 도심 속 건물의, 화재 발생 시 사용하는 수전이었다. 내가 그동안 봐 왔던 수전은 단 하나의 형태로 된 빨간색 소화전이다. 그런데 내가 스위스 시아소 거리에서 본 소화전은 귀여운 병정 복장의 조형물이었다. 소화전 하나도 도시

유럽 시아소 거리의 소화전 ⓘ 사진출처 강범규

의 거리에 존재해야만 한다면, 본연의 소화전 기능 이외에도 이왕이면 사람들에게 웃음을 줄 수 있다면 좋지 않겠는가! 실로 재미있는 발상이었다.

나는 최근 아기 욕조를 디자인하면서 '어떻게 하면 더 편리하고 더 아름다우면서도 공간은 보다 적게 차지하는 제품을 만들 수 있을까?'를 고민했다. 아기를 키우는 부모의 이야기를 들어보면, 신생아의 경우 아기 목욕을 위한 욕조와 헹굼을 위한 욕조, 이렇게 두 개를 동시에 놓고 사용한다. 그런데 어린 아기를 키우는 젊은 부부들의 집은 협소한 경우가 많아 욕조 두 개를 놓는 것도 부담이라는 말을 많이 들었다. 또한, 욕조에 아기를 앉히면 아기가 자꾸 미끄러져 혼자서 목욕을 시키기가 힘들다는 어머니도 많았다.

이런 의견들을 종합해 개발한 것이 '두리 2 in 1 아기 욕조'다. 언뜻 보면 기존의 아기 욕조와 비슷해 보이지만, 자세히 살펴보면 여러 가지에서 차이가 있다.

목욕 용도와 헹굼 용도의 욕조를 서로 포개놓을 수 있어 사용하지 않을 때 공간을 덜 차지하도록 했고, 아기가 앉았을 때 미끄러지지 않도록 돌출된 지지대가 있다. 여기에 목욕물을 버리기 쉽도록 기존 제품들 보다 2배 넓은 배수구도 만들었다. 물론 형태와 디자인 또한 조금이라도 더 아름답게 하기 위해 노력했다. 그야말로 '이왕이면 정신'으로 만들어진 아기 욕조인 셈이다.

목욕 욕조와 헹굼 욕조를 서로 포개놓을 수 있어
공간을 덜 차지하도록 디자인된 '2 in 1 아기 욕조'

‘ 그야말로 '이왕이면 정신'으로 만들어진,
아기 욕조인 셈이다. ’

스티브 잡스의 전기를 보면 친부모에게 버림받은 자신을 키워준 아버지 이야기가 나온다. 그의 양아버지 폴 잡스는 중고차 수리 판매상이었는데, 항상 아들에게 "눈에 보이는 부분만 신경 쓸 것이 아니라, 보이지 않는 부분까지 완벽하게 수리하고 다듬어야 한다"는 가르침을 줬다고 한다. 디자이너가 꼭 완벽주의자가 되어야 하는 것은 아니지만, 이처럼 제품이나 도구가 본연의 기능을 잘 수행하는 것에 만족하지 않고 항상 그 이상을 생각해야 한다. '이왕이면 정신'으로 아름다운 형태와 좋은 촉감, 좋은 향기 등을 통해 고객을 감동시키려는 디자이너의 성향을 내재화할 수 있다면 당신은 치열한 비즈니스 전쟁터에서 이길 수 있는 큰 무기를 하나 가지게 된 것이다.

개인적으로는 몇 년 전부터 이 '이왕이면 정신'을 적용하기 시작한 대상이 하나 더 있다. 바로 '에코 경영'이다. '이왕이면 친환경 디자인, 친환경 제품을 만드는 에코 경영을 하자!'는 것이다. 에코 경영이라고 하면 많은 사람이 크게 부담스러워 한다. 당장 모든 재료를 친환경 용품으로 바꿔야만 할 것 같은 부담감, 재활용이 불가능한 제품은 만들지도 말아야 한다는 압박감 때문일 것이다. 하지만 나는 에코 경영과 친환경 디자인이 그렇게 완벽해야만 의미가 있다고는 생각지 않는다. 당장 할 수 있는 작은 일부터 시작하면 된다. 아무것도 하지 않는 것보다는 작은 것부터라도 시도하는 편이 낫다. 나는 1회용 생수병 사용을 줄이고 싶어 아침에 집에서 나올 때면 텀블러에 물을 담아서 나온다. 이런 작은 것부터 실천하자는 것이다.

솔직히 말해, 프리젠트가 친환경 디자인이나 에코 경영을 완벽하게 시행하고 있는 것은 아니다. 하지만 최대한, 현실적으로 가능한 범위 내에서 우리가 할 수 있는 만큼은 행하려 한다. 재료를 덜 사용하는 차원에서 유리를 없앤 벽시계, 접착제를 사용할 필요도 없고 반영구적으로 사용 가능한 실리콘 칫솔걸이, 폐건축물에서 나온 벽돌을 외장 재료로 재사용한 프리젠트 사옥, 화학 테프론 코팅이 아닌 천연 세라믹 재료를 사용하여 만든 냄비 세트 등이 모두 우리가 할 수 있는 선에서 만든 친환경 제품들이다. 인간만을 위한 제품이 아니라 이왕이면 자연과 지구까지 위하는 제품을 만들고 싶다는 생각에서 출발한 것이다. 이 책을 읽고 있는 독자들도 자신이 할 수 있는 작은 것부터 함께 실천하기를 바라는 마음이다.

에필로그

디자이너의 눈으로
세상을 본다면

"그래서, 당신이 라면집을 하면 어떻게 할 건데요?"

내가 자주 "라면집도 디자이너가 하면 다르다"라는 말을 하고 다녔더니, 누군가가 내게 물었다. 그래서 당신이, 강범규 디자이너가 라면집을 한다면 뭐가 어떻게 다른 거냐고. 그때 나는 답 하지 않았다. 나는 현자賢者가 아니라서 우문愚問에 현답賢答은 불가능할 테니 내 답변 역시 우답愚答이 될 수밖에 없을 거라는 생각이 들었다. 손가락을 들어 달을 가리켰더니 달은 보지 않고 손가락을 보더라는 이야기가 떠오르게 만드는 질문이었다. 나는 지금 라면집을 할 생각이 없다. 디자이너로서의 삶, 대학교수로서의 삶, 프리젠트 대표 강범규의 삶에 만족하고 있고, 또 하고 싶은 일도 너무 많기 때문이다.

분명한 것은, 내 주위에서 크건 작건 성공적으로 사업을 해내고 있는 사람들은 모두 내가 책에서 이야기한 '디자이너와 같은 안목'

으로 세상과 사업을 바라보고 있다는 것이다. 그렇기에 나는 (좋은) 디자이너가 한다면 라면집도 다를 수밖에 없다고 당당히 이야기한다. 그렇기에 "라면집도 디자이너가 하면 다르다"는 말은 나의 믿음이자 또 반드시 그래야만 한다는 선언이다. 내가 그런 믿음을 갖는 이유, 그래야만 한다고 주장하는 이유를 이 책을 통해 이야기했다. 디자이너는 어떤 사람인지, 또 어떤 사람이어야 하는지, 어떤 일을 해야 하며 어떻게 일해야 하는지를…….

만약 당신이 디자이너의 안목을 갖게 됐다면 내가 어떻게 라면집을 할지 상상할 수 있을 것이다. 하지만 이 책을 읽고 있을 독자의 대부분은 디자이너가 아닐 것이다. 하지만 애초에 '직업인으로서의 디자이너'를 대상으로 쓴 책이 아니다. 내가 말하는 디자이너는 "차별화된 아이디어로 새로운 가치를 만들고 이를 시각적으로 표현하는 사람"이다. 그리고 다른 한편으로는 디자이너는 사람들이 무엇을 원하는지 알아내고, 그 욕망을 채워주는 작업을 하는 사람이기도 하다. 어느 자리에서 어떤 일을 하건 나는 그런 사람은 모두 디자이너라고 생각한다. 그리고 그런 의미에서 디자이너라면, 그런 안목과 감각으로 일하는 사람이라면 라면집을 하건 가구 판매점을 하건 호텔이나 여행업에서 일하건 남다른 성과를 만들 수 있을 것이다. 그렇기에 우리는 모두 디자이너처럼 세상을 바라보고 살아가면, 우리는 더 좋은 삶과 더 좋은 결과를 만들 수 있을 것이다.

원고 집필을 끝내고……

라면집도
디자이너가 하면
다르다

초판 1쇄 인쇄 _ 2021년 3월 20일
초판 1쇄 발행 _ 2021년 3월 25일

지은이 _ 강범규

펴낸곳 _ 바이북스
펴낸이 _ 윤옥초
책임 편집 _ 김태윤
책임 디자인 _ 이민영
표지 디자인 _ 강범규, 김민아

ISBN _ 979-11-5877-233-8 03320

등록 _ 2005. 7. 12 | 제 313-2005-000148호

서울시 영등포구 선유로49길 23 아이에스비즈타워2차 1005호
편집 02)333-0812 | **마케팅** 02)333-9918 | **팩스** 02)333-9960
이메일 postmaster@bybooks.co.kr
홈페이지 www.bybooks.co.kr

책값은 뒤표지에 있습니다.
책으로 아름다운 세상을 만듭니다. — 바이북스

미래를 함께 꿈꿀 작가님의 참신한 아이디어나 원고를 기다립니다.
이메일로 접수한 원고는 검토 후 연락드리겠습니다.